CASIOPEA: Vivir en las redes

Ingeniería lingüística y ciberespacio

Alicia Poderti

CASIOPEA: Vivir en las redes

Ingeniería lingüística y ciberespacio

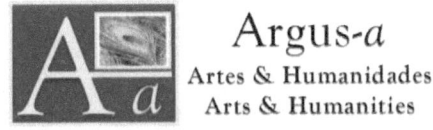

Argus-*a*
Artes & Humanidades
Arts & Humanities

Buenos Aires, Argentina - Los Ángeles, USA
2019

CASIOPEA: Vivir en las redes. Ingeniería lingüística y ciberespacio

ISBN 978-1-944508-21-0

Ilustración de tapa: "Selfie". Acrílico s/tela. 70 x 70 cm, gentileza de Cristian Dalgaard.

Diseño de tapa: Argus-*a*.

© 2019 Alicia Poderti

All rights reserved. This book or any portion thereof may not be reproduced or used in any manner whatsoever without the express written permission of the publisher except for the use of brief quotations in a book review or scholarly journal.

Editorial Argus-*a*
16944 Colchester Way,
Hacienda Heights, California 91745
U.S.A.

Calle 77 No. 1976 – Dto. C
1650 San Martín – Buenos Aires
ARGENTINA
argus.a.org@gmail.com

Agradecimientos

A mis amigos:

*Gustavo Geirola,
creador del gran proyecto editorial Argus-a.
Compañero de tantas experiencias
académicas y vivenciales,
por carta, por fax y en aquel primer e-mail de Eudora.*

*A Mabel Cepeda
por el cariño dedicado a este libro
y a su autora.*

*A Cristian Dalgaard,
quien generosamente cedió
su obra para la portada.*

*A mi querido Fran,
por siempre sonriente
en tu mundo azul…*

El mejor científico está abierto a la experiencia,
y esta empieza con un romance,
es decir, la idea de que todo es posible.

Ray Bradbury

Dudo de que toda la filosofía de este mundo
consiga suprimir la esclavitud;
a lo sumo le cambiarán el nombre.

Marguerite Yourcenar, *Memorias de Adriano*

INDICE

I.	Navegar en un laberinto	1
II.	La historia global	11
III.	La constelación digital	33
IV.	Click, Flash, Pop-up	45
V.	Algoritmos y Cortisol	57
VI.	Panóptico & The Walking Dead	71
VII.	Te amo Te odio Dame más	83
VIII.	Fakenews – Postverdad	95
IX.	Hackear los ojos	109
X.	Modernidad líquida	129
	Bibliografía	151

I

NAVEGAR EN UN LABERINTO

Navegar es la palabra mejor re-semantizada por las últimas generaciones. Navegar: sumergirse en los laberintos del ciberespacio. La línea de tiempo se alimenta de cursos y decursos cíclicos. Ríos alambicados que emergen de una cámara hiperbárica. Inercia en el espacio: una órbita de Historia primordial. Heráclito sostiene en sus manos el verbo del insondable devenir.

Inmersos en la blogósfera, signados por el "vértigo de internet". La apariencia del mundo cambió abruptamente.

Alguien pudo pensar que todo lo que acontecería nos devolvería a un estado de felicidad original. El Paraíso Perdido y perfeccionado nos potenciaría como seres "multitask". Apareció la denominación de "comunidad tecnológica", que nos incluía como integrantes de un fenómeno único y maravilloso.

En nuestro libro *Preguntas sobre el siglo XXI* (2007) nos referíamos a la experiencia cautivante de navegar a través del continente infinito y vivir cotidianamente en un mundo paralelo. Los docentes del siglo pasado comenzaban a intentar usos racionales de Internet, con guías concretas y pautas de trabajo más o menos claras.

El impacto cibernético nos indujo a proponer nuevas perspectivas científicas y enfoques multidisciplinarios para entender el fenómeno global. Crecieron las amenazas de páginas con contenidos no aptos para todas las edades. Virus, malware, pishing, grooming. Luego una congestión impresionante producida por el e-commerce, blockchain con bitcoins y criptomonedas que circulan en un mar insondable. Como los antiguos, navegamos para hacer negocios. Y las tormentas son variadas: spaming y aluviones de mensajes, intromisión de cookies, algoritmos, granjas de trolls, amenazas de ciberataques...

Por un lado, la red se convirtió en la aliada estratégica del proceso de globalización. La revolución científico-tecnológica iniciada en el siglo XX disparó el crecimiento vertiginoso de la informática y las telecomunicaciones. Su rol activo se multiplicó en plataformas, aplicaciones, páginas, blogs, links que se entrecruzan indefinidamente para conectar a distintas comunidades del planeta.

Aparece la llamada "sociedad del conocimiento" cuyas consecuencias son impredecibles. Las proyecciones no se dirigen hacia la concreción de una civilización más justa, solidaria y humanista.

Esta "sociedad del conocimiento" no persigue el saber. Es sinónimo de la "sociedad informatizada" que configura nuevos mapas de dominación. El auge de la cibernética coloca a los países desfavorecidos en el centro de un negociado multimillonario, con empresas de hardware internacionales que reciclan en las naciones pobres su equipamiento desactualizado.

Además, en la llamada "sociedad del conocimiento", el saber crece y se vuelve obsoleto a una velocidad incontenible. La "información" se convierte en patrimonio de pocos. Constituye una mercancía valiosa y se transforma en instrumento de poder e inequidad. Por ello, la dependencia tecnológica y la mediocridad intelectual son fomentadas desde los centros de dominación que pretenden administrar nuestra historia.

El mundo digitalizado se encuentra hackeado por la proliferación, el contagio, la deformación, la seducción y el rumor.

En la conocida obra *Relativity* de Mc Escher, el ojo del observador es obligado a escanear una realidad en 3R, con tres fuentes de gravedad, cada una ortogonal respecto a las otras. Hay dos humanoides que suben y bajan por la escalera aparentemente en la misma dirección. Pero hay tres puntos de fuga externos que forman un triángulo equilátero y unen tres mundos distintos.

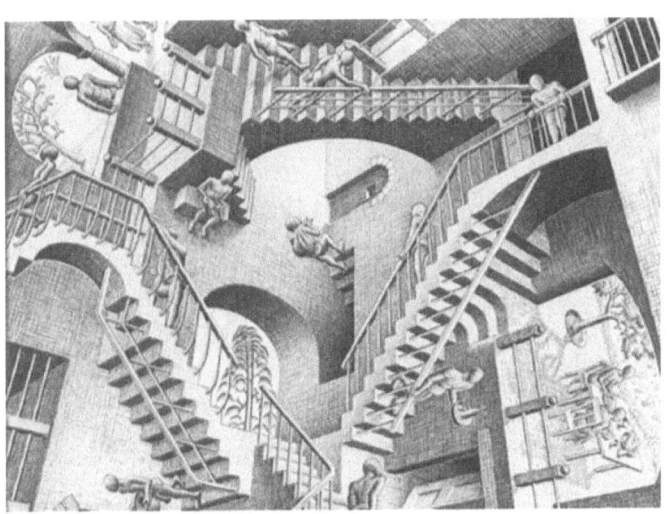

Las teorías plásticas de Escher se expresan también en la obra *Convex and Concave* (1955) donde conviven múltiples dimensiones, pasando por 3D y expresiones tetradimensionales. Los laberintos y escaleras pueblan desde entonces no sólo el género de "ciencia ficción" sino la vida cotidiana.

En su cuento "Los dos reyes y los dos laberintos", Borges relata la venganza de un rey que sufrió la tortura de otro soberano, quien lo confinó a un espacio plagado de *"escaleras, puertas y muros"*. Su revancha fue abandonarlo en otro laberinto sin *"escaleras que subir, ni puertas que forzar, ni fatigosas galerías que recorrer, ni muros que veden el paso"*. Se trataba del desierto. El ciberespacio, como ente deslocalizado, puede identificarse con estos páramos que menciona Borges. Se trata de un *"no lugar"* en los que la posibilidad de escapar es nula.

La representación perceptiva e imaginativa que surge de las tecnologías informáticas puede ser observada desde varios puntos de vista. A menudo se habla de un "ciberespacio" que tiene su propia geografía, vinculada con el ambiente de internet/intranet (Kitchin, 1998).

La industria de los primeros videojuegos comenzó a desarrollar esta realidad de una forma dinámica que aun domina. Su uso también se transportó a la arquitectura sobre la premisa de trabajar en un espacio existente (lugar, localidad, objeto). Cuando ese objeto se transformó en 3D, entonces se recreó una realidad virtual que ya no pudo ser apartada del mundo "real".

Illya Prigogine, uno de los principales referentes de la Teoría del Caos, describió las consecuencias desproporcionadas e inesperadas ligadas a causas mínimas y conocidas (efecto mariposa). Para Prigogine, el sujeto y el objeto constituyen un sistema único, en el que todas las partes forman un todo orgánico, un sistema. No somos seres aislados que simplemente se relacionan sino que pertenecemos a un mismo ámbito y desarrollamos funciones diferentes. Así, el científico belga muestra la influencia de la filosofía de los Vedas de la India[1]. La Teoría del Caos impulsa la idea de un universo entrelazado por causas grandes y pequeñas. Nada está en manos del azar (Spire, 2000). Habitualmente se ha afirmado que el capitalismo tiene un rostro frío, desprovisto de emociones, guiado por la racionalidad burocrática, ajeno a los sentimientos. En esta concepción, el comportamiento económico está en conflicto con las relaciones íntimas y las esferas pública y privada se oponen irremediablemente. Sin embargo, Eva Illouz muestra de qué modo el capitalismo ha alimentado una intensa cultura emocional, favoreciendo el desarrollo de una nueva cultural de la afectividad.

---

[1] Los Vedas integran una antigua colección de libros sagrados de la cultura hindú. Contienen las "revelaciones" filosóficas y religiosas escritas en prosa y poesía. El principio de la Época Védica se ubica alrededor del año 1500 antes de Cristo. Los Vedas presentan dos concepciones filosóficas centrales: 1) el origen de todo fue lo Uno (ekam); 2) existe un Orden Cósmico que todo lo regula (rita). La primera idea tiene que ver con la creación y la segunda con el funcionamiento del mundo.

Mientras el yo privado se manifiesta más que nunca en la esfera pública, las relaciones económicas han adquirido un carácter profundamente emocional. Las relaciones íntimas se definen cada más desde modelos económicos y políticos de negociación e intercambio. La autora mencionada explora las consecuencias del llamado "capitalismo emocional" que se apropia de los afectos. Todas estas tendencias se sumergen en la literatura de autoayuda, las revistas femeninas y los grupos de apoyo, hasta las nuevas formas de sociabilidad nacidas de Internet (Illouz, 2007).

# # #

Las pasiones guían el destino de los humanos del siglo XXI y también de los dioses de todas las culturas. Existe una constelación con historia mitológica. La reina Casiopea era famosa por contemplar su belleza en el espejo. Después de grandes tragedias ocurridas en sus reinos, el vengativo Poseidón la castiga situándola en el cielo, atada a su trono. Esta configuración de estrellas es utilizada para encontrar el Norte[2].

---

[2] Casiopea es el nombre de una constelación que representa la historia de la diosa griega que proclamaba su belleza y la de su hija Andrómeda. Las Nereidas protestaron ante el dios del mar y Poseidón prometió enviar a un monstruo y una gran inundación. El rey Cefeo pidió consejo al oráculo para evitar la destrucción que ordenó entregar a su hija para frenar la ira de Poseidón. Así, encadenaron a Andrómeda a orillas del mar. Pero Perseo pasó por allí (luego de decapitar a la Medusa). Mató al monstruo y se casó con Andrómeda. Poseidón castigó a Casiopea, atándola a su trono en

Casiopea es la gran metáfora de tantos usuarios alrededor del mundo que pasan su vida, sentados, emocionados (emoticonados) mirando la misma pantalla. Ese es el horizonte marcado por la Constelación Silicon Valley.

---

el cielo. Al rotar la bóveda celeste, ella permanece cabeza abajo la mitad del tiempo. La constelación de Casiopea se asemeja a la silla del tormento.

II

LA HISTORIA GLOBAL

¿Hubo más de una globalización en la tierra? La respuesta de una sucesión de episodios cíclicos remite a una historia no lineal, al modo del mito del "eterno retorno". Porque la percepción de los eventos en las primeras comunidades fue radicalmente distinta a la concepción lineal del modelo de la historia occidental. Y los cambios temporales corresponden a una necesidad profunda del hombre arcaico. Existe un tiempo que no soporta la linealidad y se esfuerza por anularla en forma periódica, recurriendo a la circularidad primigenia de la historia.

El tratamiento del antiguo mito de "historia en espiral" –analizado desde la contemporaneidad— implica regresar a la tradicional confrontación entre el "logos" y el "raciocinio". En una sociedad dominada por la razón científica se produce una re-evaluación del papel del mito. Esta es la tensión que el pensamiento occidental ha transitado desde el mundo griego, entre mito y logos, entre imagen y concepto (Koselleck y Gadamer, 1997: 221-254).

Hay también revisiones de esta postura dentro de la filosofía. De allí la expresión italiana *"corsi e ricorsi*", inspirada en la teoría del acontecer histórico de Giambattista Vico (1668-1744). Para este filósofo, la historia no avanza en forma lineal, sino que va reproduciendo alternativamente tres ciclos que pueden significar avances y retrocesos del devenir. Vico llamó a los ciclos: "divino", "heroico" y "humano". En la etapa Divina la sociedad estaba impregnada por los sentidos y la imaginación. En el estadio Heroico, las comunidades fueron dominadas por la aristocracia. La tercera etapa es la Humana, una sociedad del futuro comandada por la "razón". El autor pensaba que en este estadio podrían convivir dos tipos de gobierno: la monarquía absoluta y la democracia (Vico: 1725).

En la Historia de la Globalización que nos ocupa[3] se registra la concreción de procesos similares ocurridos en distintos tiempos cronológicos y con repercusión mundial.

---

[3] Se trata del Proyecto de Investigación CONICET/UBA: "Historia de la Globalización en América Latina: Ingeniería del ciberespacio", coordinado por la Dra. Alicia Poderti. El Programa se aboca al estudio de distintas

Basándonos en los modelos que generan nuestras construcciones de la Historia Global, sostenemos que hoy puede visualizarse con claridad el trayecto de tres ciclos históricos: 1) la cultura oral, 2) la cultura escrita y 3) la cultura de la imagen (Poderti, 2007: 15).

El ciclo primero es el de las manifestaciones orales, predominantemente vocales. Se desarrolló en la Antigüedad cuando prevalecía el sentido del oído. Esta cultura se extendió durante el medioevo dominando luego las prácticas escritas que estaban acotadas por la tarea del escribiente. Son culturas eminentemente orales las de los pueblos primeros o antiguos del planeta, incluyendo los

---

fases de globalización acaecidas en la tierra, desde el enfoque de las Historias Conectadas. Analiza el desarrollo de nuevas tecnologías: mediatización y dispositivos de comunicación, inteligencia artificial, software e ingeniería lingüística. El LAGHCIB (Laboratorio Historia Global y Ciberespacio, Lab-Global History and Cyberspace), es la plataforma de trabajo integrada a la red CLACSO, con investigadores de Universidades de Argentina, Paraguay, Colombia y Chile, entre otras. Funciona en el "Instituto de Estudios sobre América Latina y el Caribe" (IEALC), Facultad de Ciencias Sociales, Universidad de Buenos Aires.

imperios de Sudamérica y Mesoamérica (Poderti, 1996).

El segundo ciclo comprende el trayecto de la escritura hacia la Galaxia Gutenberg. Este período se afianzó con la invención de la escritura y su propagación a través de los manuscritos copiados en serie.

Pero la aparición de la imprenta produjo una revolución técnica que cambió la apariencia y el estado del mundo medieval. La actividad editorial, no solo implicó un semi abandono de la cultura del manuscrito y de las prácticas orales, sino que también conmocionó la historia de las lenguas.

El fetichismo de la escritura produjo una mutación en el campo de las tecnologías de la palabra. Cuenta Platón en *Fedro* que cuando Hermes, presunto inventor de la escritura, presentó su invención al Faraón Thamus, éste elogió la nueva técnica que permitía al género humano recordar lo que de otra forma se habría olvidado. Pero el Faraón no se sintió satisfecho. "Mi hábil Theut -le dijo-, la memoria es un gran don que debe ser mantenido con continuo ejercicio. Con tu invención la gente ya no se sentirá obligada a ejercitar la memoria. No se recordarán las cosas gracias a su esfuerzo sino por la potencia de un dispositivo externo" (Platón, 1988: 289-413).

Como analiza Umberto Eco en su libro *De Internet a Gutenberg*, los mismos miedos se repiten desde la antigüedad: que las nuevas adquisiciones tecnológicas puedan eliminar cosas que consideramos preciosas, aquellas que "representan" para nosotros valores dotados de sentidos espirituales. "Esto acabará contigo" presagia Umberto Eco (2012: 1).

De algún modo, el desplazamiento hacia el tercer ciclo digital fue traumático cuando cambió el plano por la esfera. Las superficies escritas ahora son ínfimas. Las cuerdas vocales parecen anuladas. El ciclo tercero está impregnado por la cultura de la imagen que inaugura la Constelación Digital.

En la sociedad digitalizada hay un descentramiento a nivel global. Como profetizó Marshall McLuhan en su libro *La aldea global*: "la cultura de la imagen intenta reemplazar a la cultura impresa"

(1985: 246). Los signos de la era virtual no responden a una secuencia fija, no tienen comienzo ni final absoluto, no responden a leyes que legitimen su reproducción indiscriminada. Y su existencia está subordinada a la de un usuario que los convoca en la pantalla de su computadora.

La cumbre de la OTAN de Varsovia 2016, declara que el ciberespacio se reconoce como un nuevo dominio de las operaciones, paralelo a los de tierra, mar, aire y espacio (Corletti Estrada, Alejandro, 2017: 16-26). La evolución de las comunicaciones dentro del espacio cibernético se configura en múltiples interfaces que se entrecruzan en el hipertexto, una esfera cuyo centro está en todas partes y su circunferencia en ninguna (Poderti, 2007: 16).

Como estudiamos en nuestro libro *Los tres ciclos de la Historia* (2018), las etapas cíclicas responden a patrones que se desarrollan en forma de espiral. Pueden reiterar sus estrategias de poder pero no de manera idéntica, tal como ocurre en los repetidos procesos de globalización.

Como sabemos, la tendencia globalizante se instaló en el esquema planetario hace más de 500 años, a través del intercambio de producción económica y cultural con distintas regiones. La seda de China, especias del Medio Oriente y las "Indias Occidentales", los esclavos de África, fueron mercancía internacional por muchos siglos. El imperio de las West-Indian-Companies de Holanda, Francia o Gran Bretaña aseguraron un intercambio de bienes y acumulación de riquezas desde 1700. Hasta que en el siglo XX se levantaron los pueblos de las periferias para crear sus dominios, rompiendo con la dependencia política y económica de las potencias dominantes.

En la etapa Colonial (que desde España hoy se estudia con la denominación de "Historia Moderna"), el espacio identificado como "Asia" o las Indias se integra como espejismo, como un sentir y un modo de vida diferente. Los conquistadores se deslizaron hacia otro continente. Y este desplazamiento les permitió aprehender y/o disociar la complejidad de su acervo occidental construido gracias a los contactos culturales pretéritos, con muchos elementos de basamento oriental.

El trazado de los mapas coloniales se inscribe en la tendencia de integración de las geografías desconocidas, en la que un mismo espacio admite distintos territorios y muchos mundos. Esto implica la creación de un poder que se instala en los centros hegemónicos culturales y políticos de Europa para disponer y legislar.

El acto de "poner en el mapa" implica un acomodamiento de la percepción del poder. Esto es la construcción de la territorialidad en un nuevo status de dependencia. En la complejidad de interacciones discursivas generadas durante la Colonia puede verse una fascinante superposición de construcciones territoriales cuyo correlato simbólico se traduce en el gesto etno-céntrico de "apropiación".

El siglo XIX –período de construcción de las naciones— fue una instancia re-localización de las cartografías gestadas durante el período colonial. Los límites de los estados se vuelven difusos y en constante fluctuación. Como expresa Benedict Anderson, la idea de "nación" se había traducido como proyecto y realización de un proceso histórico, conformado desde una ideología y también desde la ficción.

La nación moderna suele representarse a sí misma como una "comunidad imaginada", en la que sus miembros se perciben vinculados por lazos horizontales y fraternales (Anderson, 1993: 109). En el proceso de constitución de las naciones se opera un proceso de "ficcionalización" fuertemente construido desde un proyecto literario.

La idea romántica de Nación que surge en la mayoría de los países sudamericanos se tradujo como realización de un proceso histórico conformado desde la ideología de la Nación "única e indivisible". Para ello se utilizó un herramental literario que constituyó los arquetipos de la Nación que se "deseaba imaginar". En ese contexto, la novela y el periódico -que se habían generado en el siglo XVIII, proveyeron los medios técnicos necesarios para la "representación" de las comunidades nacionales (Poderti, 1999).

En su *Historia del siglo XX* el historiador Eric Hobsbawm afirmaba que no intentaría "trazar predicciones sobre un paisaje que ahora ha quedado irreconocible con los movimientos tectónicos que se han producido en el siglo XX" (1998: 576). El título original del libro: *Extremes. The short twentieth century,* condensa la idea medular de su planteo historiográfico. Mientras el "largo siglo XIX" culminó con la caída de la civilización occidental, el veloz transcurso comprendido entre 1914 y 1991 desemboca en el reacomodo de los lugares de autoridad a nivel global y los apuros de la democracia en diversos países del planeta.

Se hace necesario visualizar que la multi-dimensionalidad del espacio en el estamos inmersos, nos induce a replantear los conceptos de "cultura", "nación", "estado", entre otros. Un modo de pensamiento que ha pulsado importantes segmentos de la historia se afinca en la idea de que cada cultura es un sistema estático y cerrado en sí mismo. La "cultura" ha sido demarcada tradicionalmente como una estructura que no debe mutar y, por lo tanto, el respeto hacia ella está unido a la idea de preservación, evitando la relación de intercambio con otras culturas.

Sin embargo, en el marco de las investigaciones actuales en las ciencias sociales y humanas, los alcances del término han sido replanteados. Dentro de este eje de problematizaciones, una "cultura" puede definirse como el conjunto de información acumulada, conservada y trasmitida por las colectividades de la sociedad (Poderti, 2007). Esta concepción sugiere ciertos métodos investigativos y permite considerar las etapas de la cultura y el conjunto de los hechos histórico-culturales en su globalidad como un *texto abierto*.

La cultura se presenta como un objeto de bordes ameboidales, en constante movimiento y transformación. Un espacio multidimensional surcado por contradicciones y batallas entre diferentes tradiciones y discursos. Sin embargo, individuos y grupos se refugian en este sustrato plural y se define como componente, ciudadano o parte de ese proyecto construido de piezas múltiples.

En el siglo XX la aparición de nuevos actores implica la culminación del proceso de producción e intercambio de bienes anterior para mutar por una sociedad de toridad a nivel global y los apuros de la democracia en diversos países del planeta.

Se hace necesario visualizar que la multi-dimensionalidad del espacio en el estamos inmersos, nos induce a replantear los conceptos de "cultura", "nación", "estado", entre otros. Un modo de pensamiento que ha pulsado importan- tes segmentos de la historia se afinca en la idea de que cada cultura es un sistema estático y cerrado en sí mismo. La "cultura" ha sido demarcada tradicionalmente como una estructura que no debe mutar y, por lo tanto, el respeto hacia ella está unido a la idea de preservación, evitando la relación de intercambio con otras culturas.

Sin embargo, en el marco de las investigaciones actuales en las ciencias sociales y humanas, los alcances del término han sido replanteados. Dentro de este eje de problematizaciones, una "cultura" puede definirse como el conjunto de información acumulada, conservada y trasmitida por las colectividades de la sociedad (Poderti, 2007). Esta concepción sugiere ciertos métodos investigativos y permite considerar las etapas de la cultura y el conjunto de los hechos histórico-culturales en su globalidad como un *texto abierto*.

La cultura se presenta como un objeto de bordes ameboidales, en constante movimiento y transormación. Un espacio multidimensional surcado por contradicciones y batallas entre diferentes tradiciones y discursos. Sin embargo, individuos y grupos se refugian en este sustrato plural y se define como componente, ciudadano o parte de ese proyecto construido de piezas múltiples. En términos macro, las Naciones y Estados aparecen desdibujados en la instancia digital. Las metamorfosis operadas en la corteza "internacional" adhieren a los análisis más recientes de los fenómenos globales, como el "sistema mundo"[4]. En este mo-

---

[4] La noción *"sistema mundo"* fue acuñada por Immanuel Wallerstein (2005) por considerarla más apropiada para los tiempos que atraviesa el concierto internacional. El mundo no es tal como lo conocimos, sino que se encuentra sometido a continuos cambios. Varias disciplinas

delo, las articulaciones se operan a nivel supra-nacional, promoviendo nexos culturales, políticos, sociales y económicos. La coyuntura estratégica "sur-sur" plantea nuevos desafíos a nivel global. Así, la fisonomía planetaria posterior al proceso de globalización muestra mapas transterritoriales y multilingüísticos. Mientras tanto, las redes sociales permiten que circulen diversos códigos culturales y productos económicos concretos.

El estudio del sistema-mundo requiere de la construcción de nuevos contratos epistemológicos y metodologías apropiados para comprender la historia planetaria. Así, la propuesta de análisis se instala en un campo que, según la numerosa terminología generada en idioma inglés, se denomina alternativamente: Big History, World History, Global History, Transnational History, Atlantic History, World System Analysis, Connected Histories. Estos y otros nombres remiten a un

---

abordan el análisis del mundo y hacen a la realidad internacional más compleja, allí donde la integración se convierte en un factor esencial.

espacio extra-planetario, planetario o infraplanetario y que abarca tan disímiles como amplias cronologías

Sabemos que la apertura transdisciplinaria de la Historia Socio-cultural francesa ha derivado en la posibilidad de combinar modelos metodológicos válidos para el estudio de cada situación: microhistoria, historia política, historia de las ideas, historia de las mujeres, historia oral, historia de la vida cotidiana, psicohistoria, historia conceptual, historias conectadas, etc. Así, el giro copernicano que implica la aparición de nuevas líneas dentro de la historiografía tradicional, provocan un cambio rotundo con respecto a las formas de escribir y construir la historia que regían el paradigma anterior. En este ritmo de innovación es central el papel de Michel Foucault con su *Arqueología del Saber* (1979).

Según el estudioso indio Sanjay Subrahmanyan el enfoque de las "Historias conectadas" no tenía intención de convertirse en una escuela, sin embargo hoy tiene muchos seguidores. Subrahmanyan aborda la problemática en un artículo titulado

"Connected Histories: Notes towards a Reconfiguration of Early Modern Eurasia" (1997).

En la misma línea, Serge Gruzinski (2004) muestra las conexiones de México con Asia, cuyo costado fantástico era el motivo central para la colonización española. Obviamente se hace alusión a la trasposición de los mitos vigentes en Europa acerca del mundo asiático durante la Antigüedad y la Edad Media, pues la idea europea del exotismo americano se vincula históricamente con la extrañeza ante las culturas de Asia.

La metodología de las "historias conectadas", en el contexto de la historia global contemporánea, ayuda a entender algunos problemas complejos. Esto genera de manera automática un peculiar enfoque de un caso específico a partir del conocimiento de otros casos presentes en el devenir de las ideas. Múltiples alternativas se congregan en esta propuesta: nueva historia comparada, historia simétrica, historia cruzada, etc., que tienen en común fijar preocupaciones de la historia global en casos concretos.

Avanzando en el siglo XXI, las conexiones múltiples entre globalización e industria cultural promueven el desarrollo de formas heterogéneas de pertenencia, cuyas redes se entrelazan con las del consumo. Las nuevas políticas de consumo cultural imponen como premisa central la subordinación de los países latinoamericanos y su creciente dependencia cultural.

Pensadores como Alain Touraine expresan que el mercado es útil para demoler al "Estado centralizado, clientelista o totalitario", pero aquél "no constituye un principio de construcción ni de gestión de la vida social" (Touraine, 1993). La consecuencia de esta aplicación del modelo de primer mundo, es el "previsto" incremento de la desocupación, la marginación y el arrinconamiento social dentro de países que se abren a los capitales las naciones dominantes.

Las naciones desarrolladas concentran su poder creando polarización, asimetría y una acumulación ilimitada del capital y la tecnología. Este nuevo orden mundial produce una creciente ingobernabilidad de las periferias, cuyas masas están siempre oprimidas por el peso del fracaso económico de sus propios gobiernos. Unido al proceso de internacionalización del capital, del trabajo y del medio ambiente, se requiere de una privatización del estado.

El pasaje de lo nacional a lo global provoca cambios en los modos de integración regional. El planetarismo define su núcleo en los medios de comunicación y en la conquista del ciberespacio. El correlato de las mutaciones económico-políticas que operan en la metamorfosis de las identidades institucionales y la pugna por entrar al "convite de segunda categoría" reservado para las naciones pobres, puede leerse también en el registro simbólico y cultural de continentes como el Latinoamericano, que busca articular nuevas estrategias de inserción global.

La aparente pérdida del poder hegemónico, que para algunos es definida como una redistribución o realineación del escenario mundial, se estructura a partir de cambios generados a partir del 11-S. Illya Prigogine brinda, a través del modelo del péndulo, un ejemplo factible de traspolación: "tomemos un péndulo y estudiemos su movimiento considerando la existencia de una fricción. Supongámoslo primero inmóvil y en equilibrio

(...) A una pequeña perturbación seguirá un retorno al equilibrio (Prigogine, 1996: 32-33).

La región ha dejado de ser un mero conjunto de naciones con escasos contactos entre sí y se convierte en un espacio interrelacionado en muchos planos. China es hoy el centro de la red de producción asiática, que intensifica y da forma a esa nueva interdependencia.

Esta dinámica permite anticipar que la globalización, generalmente considerada como un proceso gestionado por Occidente, dependerá cada vez más de las decisiones tomadas por los asiáticos. Aunque Latinoamérica es considerada un interlocutor presente en los procesos políticos y el relacionamiento económico internacional.

# # #

Hoy sabemos que detrás de la pantalla hay poderes internacionales que mutaron el estado de las relaciones humanas. Es por eso que el mundo atraviesa una crisis de vastas proporciones cuyos efectos son impredecibles. Así, la historia cíclica, espiralada, reconoce un elemento que se repite constantemente: la lucha por el poder. El libro de Michel Foucault titulado *Microfísica del poder* (1986), es uno de los tantos textos del autor que constituyen la columna vertebral de su teoría sobre este engranaje fundamental en las conflagraciones de la historia. El poder se agazapa detrás de cada hecho que acaece en las sociedades en todos los tiempos.

III

LA CONSTELACION DIGITAL

¿Qué parte del planeta no es ciberespacio? ¿Hasta dónde se elevan las formas perfectas y los brazos robóticos clamando en la altura? ¿Cuán infinita es la bóveda de cristal líquido? ¿Cómo descifrar los planos paralelos, los mundos que cambian-nacen-mueren mientras posas tus ojos sobre la enorme pantalla?

Ya se establecieron los parámetros definitorios de Internet. Un ciclo que se identifica con los signos de la era virtual. Éstos no responden a una secuencia fija, no tienen comienzo ni final absoluto, no responden a leyes que legitimen su reproducción indiscriminada. Su existencia pareciera estar subordinada a la de un usuario que los convoca en la pantalla de su dispositivo: ..."ingresando igualmente desde un sótano en Vancouver, un barco en Puerto Príncipe, un taxi en Nueva York, un garaje en Texas City, un apartamento en Roma, una oficina en Hong Kong, un bar en Kioto, un café en Kinhasa, un laboratorio en la Luna" (Benedikt, 2000: 43).

Desde mediados del siglo XX, la generación del capitalismo impreso – gestora de las conciencias nacionales– entra en crisis. En el nivel político-económico se desarrolla la plataforma ideológica desde la cual se legaliza el "derecho a injerencia" de ciertas grandes potencias llamadas "estructurantes". Estas confirman la teoría y práctica del pretendido imperialismo "bueno".

En el plano simbólico y cultural, los malestares se traducen en la aparición de nuevas formas de conciencia e interpretación de la realidad. La fetichización de la tecnología, la burbuja financiera y la construcción de nuevos y cambiantes instrumentos de poder.

Recordemos que el nombre del continente de Internet, definido por www, o la triple W, contiene el símbolo de la enmarañada sociedad tecnificada. La traducción de la denominada World Wide Web es la de Red o Tela de Araña Global.

Tim Berners Lee, creador de la World Wide Web expresó: "cuando inventé la web, no tuve que pedir permiso, como tampoco tuvieron que hacerlo los emprendedores de internet más exitosos de América cuando comenzaron sus negocios". Se refiere obviamente a las limitaciones que desde la legislación presente se intentan colocar a Google, Amazon, Facebook, creadas en el amanecer de este nuevo siglo (Lupi, 2017:1).

El proceso de globalización o transnacionalización capitalista integra un estilo de "civilización" que pretende construir un mundo unificado, inseparable histórica y geográficamente desde los tiempos de la Colonia. Sin embargo, está fragmentado por profundas divisiones económicas, sociales, étnicas y culturales. Como describimos, la uniformidad avasallante del neocolonialismo se expande a través de la tendencia histórica de la globalización. Se invaden territorios y a la vez los mercados.

Durante este proceso de globalización técnica, las sociedades redefinieron sus relaciones en el tiempo y el espacio. "Silicon Valley USA" es el título de una serie de artículos publicados desde en 1971 por Don Hoefler, quien le dará el nombre a la vasta zona en la que se desarrolló la industria de los semiconductores en la Bahía de San Francisco.

Esta región tenía, a principios del siglo XX, grandes campos de plantaciones frutales y se la conocía con el nombre de "el valle de las delicias". Pero en la década de 1950 se introdujo una nueva industria en la ciudad: la del chip de silicio. Este componente de semiconductores se utiliza en teléfonos celulares, computadoras, impresoras, aparatología de juegos y calculadoras.

Este fue el principio. La aparición del Edén cibernético. El período que llamamos la "constelación digital".

Actualmente son miles las compañías de alta tecnología que se localizan en este inmenso parque tecnológico, entre ellas Apple Inc., eBay, Google, Intel o Yahoo. Desde allí se desarrollan y lanzan a diario muchos de los dispositivos informáticos que se utilizan en todo el mundo. Michael Malone dice en su libro Big Score que Hoefler fue uno de los primeros escritores que abordaron el tema de la industria de la tecnología en el norte de California como una comunidad esencialmente distintiva de las otras. Así se valorizó la actividad del mítico Valle (Cfr. Malone, 1985).

Silicon Valley configura un mundo especial que genera la paradoja de la actualidad. El Valle está localizado en USA pero también es la nueva ruta de la seda oriental. Un informe de Deloitte y China Venture Group demuestra que aproximadamente el 80% de las startups de Silicon Valley provienen de China y los Estados Unidos. El resto están distribuidas en aproximadamente 22 países.

El dragón oriental busca superar a un número casi equivalente de Norteamérica. Así, China podría tomar rápidamente el primer lugar con las llamadas "Unicornios", que son aquellas startups con un valor superior a mil millones de dólares.

El avance de los asiáticos en cuanto a software y aplicaciones supera a las creaciones de Silicon Valley. Por ejemplo, el entorno WeChat concebido en Oriente es asombroso. En una misma presentación de app-plataforma, WeChat contiene y utiliza simultáneamente las versiones adaptadas de Facebook, Instagram, Skype, Uber, Tinder y Amazon.

Una fotografía de la década de 1980 muestra mi imagen en la hermosa primavera del Golden Gate, parte de un recorrido por Silicon Valley y alrededores.

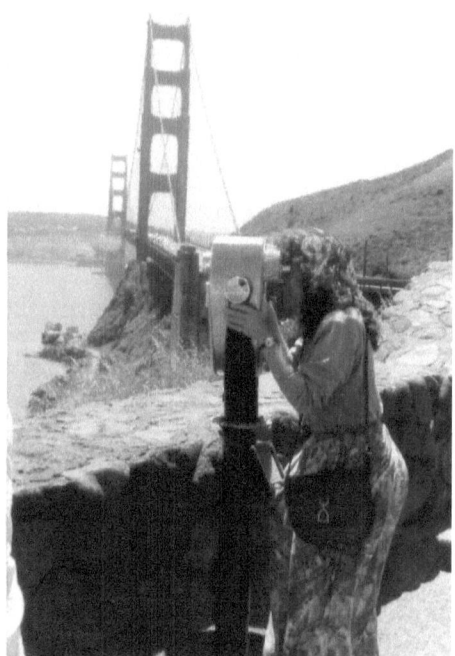

Mi primer viaje a Estados Unidos se produjo cuando aún no se comercializaban las computadoras en Argentina. Conocí el país de costa a costa en meses. Me detuve un tiempo en San Francisco para realizar actividades en la Universidad de Berkeley.

Allí los investigadores y alumnos se desplazaban en patinetas por los jardines del campus. Un afiche anunciaba un concierto de Astor Piazzolla. Emoción en las venas. Me reuní con Profesores y estudiantes. Visité los departamentos de Física, Lingüística y Música.

En las Bibliotecas, Borges y Babel me iniciaron en la ceremonia de operar computadoras que abrían las puertas de las bibliotecas online. No había otra forma de ingresar a los tomos si no era a través de las pantallas. Un dispositivo con la manzana curiosamente mordida. A bite.

Inicié mi tímida relación con las máquinas guiada por un estudiante de la Universidad. Encontraba los libros a la velocidad de la luz. Las "páginas" rotaban, giraban como una extensión de mi mano en los círculos del mousse. McIntosh me daba la bienvenida a su mundo subyugante y triunfal. Saboreé la fruta prohibida y me enamoré del pecado original. Cuando se trataba de avanzar en el plano perpetuo, mi amigo repetía: "go ahead". El indicador de la pantalla era una extensión robótica de mi brazo, de mi cerebro -que ya estaba conectado al dominio cibernético-. Y supe que la vida, desde ese momento, era un inagotable *go ahead*.

Comprendí también que se iniciaba una larga confrontación en el mundo: el abismo entre quienes tenían la posibilidad de acceder a la tecnología y quienes no la tenían. Y hoy se profundiza la brecha entre entre inforricos e infopobres (Ford, 1999). Los países con rudimentaria fibra óptica pueden quedar marginados no sólo de las redes de Internet, sino también de la inserción en la economía internacional y del diálogo en los cambiantes procesos socio-culturales.

# # #

Conocimos a Glenda en la escuela primaria. Jugábamos en nuestras casas y en las calles. Ella nos daba trozos de argamasa que su madre, odontóloga, utilizaba para realizar las impresiones. Con esa arcilla elástica modelábamos sublimes figuras rosadas, perfumadas, muñequitas sonrojadas... Éramos niñas sin computadoras. Con ilusiones. Cuando pasaba debajo de una puerta, Glenda practicaba un elástico salto de acrobacia hasta tocar el marco superior. "Así voy a crecer", nos decía sonriente. Y repetía la proeza.

Años más tarde nos re-encontramos en el mundo de FB. Con el cabello corto y oscuro, un rostro anguloso –endurecido-, posaba en una fotografía familiar. Habían desaparecido su cabellera bruñida, su sonrisa libre en los ojos de bailarina idealista. Chateamos muy poco. Supimos que trabajaba en una empresa multinacional de productos informáticos.

Un día nos contó que estaba feliz porque se mudaba a Estados Unidos para establecerse en Silicon Valley. Le rogamos por un evento para despedirla, un encuentro personal. Y nos contestó que no frecuentaba a nadie. Agregó: "No pierdo tiempo en amistades. Por eso triunfé y llegué hasta aquí".

Pasó el tiempo. A veces pienso en Glenda. Porque son muchos los que están prisioneros en los virtuosos castillos de la Constelación Silicon Valley. Algunos regresan después de muchos años, con la mirada perdida, con pobre memoria e insomnio. Y la asociación es inevitable: el Valle del Silicio y el tormento bíblico del Cilicio.

El Imperio de Silicon Valley se abre a los unicornios extranjeros. Los inmensos "silos" que se observan allí son contenedores inmensos con cerebros conectados en interfaz. Materia gris que fluye día y noche. Miles de seres atados a la silla de Casiopea. Para que todo siga adelante.

Alfa y Omega, todo es perverso. Pero las leyes son amables. Pentagramas y pinturas en la misma gama de colores y de aceros. Alguien te escupe su trampa salvaje. Todos son disciplinados mientras visten su limpio traje de mercaderes.

No puedes cerrar el puño para defenderte. El mismo ya está definitivamente abierto sobre tu pantalla smart... *go ahead.*

IV

CLIC, FLASH, POP-UP

Las interfaces en el mundo digital se construyen como dispositivos que disparan significados y a la vez generan nuevas prácticas de lectura en pantallas. Se establecen así contratos de interacción digital que están presentes en los mensajes y señales del ciberespacio. La conexión 24/7 se convirtió en una modalidad incesante que condiciona nuestro cerebro. Una tiranía que anula nuestra atención y nos coloca en constante estado de alerta.

Las redes se transformaron en fuentes de intenso poder informativo. Se exacerbó su utilización para comunicar y manipular fenómenos masivos, sociales, grupales. También encuentran su canal de publicidad los mecanismos de protesta de distintos colectivos vulnerables ante situaciones adversas.

Muchos movimientos sociales de reciente aparición han conquistado el espacio de la web y hacen de ella un arma eficaz para difundir sus manifiestos y organizar su estrategia de lucha. A la marcha callejera se agregó el rugido del espacio cibernético. En este sentido ya analizamos el impacto de movimientos piqueteros y los principales engranajes mediáticos desplegados en el espacio virtual: la organización de los ciber-piquetes. En ese lugar nuevo los actores políticos confrontan sus ideas desde 1996 hasta el presente.

Rotos los vínculos con los medios de comunicación tradicionales, con revistas y periódicos de papel que ya no publicaban noticias de los grupos marginales y censurados, los piqueteros comenzaron a desplegar su estrategia local y regional en un original empowerment (que en la edición original de nuestro libro *Preguntas sobre el siglo XX* denominamos "empoderamiento").

Estos sitios reunieron los documentos emitidos por movimientos de todo el continente. Hay portales latinoamericanos que manifestaron la solidaridad entre distintos países con los grupos desplazados, como "los sin tierra" y seringueiros de Brasil, los "movimientos campesinos" del arco andino, los "zapatistas" de México, los "piqueteros argentinos", "los "indígenas ecuatorianos", los "guerreros del agua" y "cocaleros bolivianos", "los "desocupados y subocupados" de sectores mineros, fabriles y haciendas de distintos lugares de América Central y del Sur, junto a una gran constelación de "organizaciones populares" de la macroregión. Los continuos vaivenes políticos hicieron que las páginas no tuvieran continuidad en la red o fueran mutando sus direcciones URL (Poderti, 2006).

Las metamorfosis producidas entre los vínculos de los usuarios de las redes y organizaciones sociales, comerciales o gubernamentales legalizan la anomia de legislación para organizar la información del mundo cibernético.

Se configura así un escenario absolutamente complejo donde se entrecruzan constantemente las formas de decir y comunicar, íntimamente mediatizadas a través de dispositivos técnicos el "herramental tecnológico que posibilita variaciones en diversas dimensiones de la interacción comunicacional (variaciones de tiempo, de espacio, de presencias del cuerpo, de prácticas sociales conexas de emisión y recepción, etc.), que "modalizan el intercambio discursivo cuando éste no se realiza cara a cara" (Fernández, 1994: 37).

Estos cambios abruptos generan nuevos comportamientos en los usuarios, que procesan conocimientos y formas de vivir peculiares, en un mundo mediatizado por noticias personales y globales que se presentan con asombrosa simultaneidad junto a los hechos de la vida paralela.

La nueva geometría fractal se aparta de los postulados de la geometría euclidiana tradicional. Describe objetos geométricos simétricos en escala e implica que, al agigantarse los objetos, sus partes conservan una semejanza exacta con el todo. La similitud de las partes de esas partes se prolonga hacia el infinito. Los fractales carecen de la suavidad asociada con líneas, planos y esferas euclidianas. La palabra fractal proviene del adjetivo "fractus" que se refiere a una realidad irregular y fragmentada.

Además, la geometría fractal es un lenguaje compuesto de "algoritmos" que pueden expresarse en las estructuras de la era digital. El fractal geométrico más simple es el conjunto ternario del matemático alemán del siglo pasado George Cantor.

El modelo binario da origen al ciberespacio en las fórmulas de George Boole quien construye, en 1854, la lógica de 1 y 0, álgebra que se reduce a dos cifras para indicar presencia (1) y ausencia (0). Para Boole, la Nada es el cero y el cero está con Dios, que es el Uno. Esta teoría, altamente filosófica, abrió las compuertas para la aparición del inconmensurable "ciberespacio".

Abler constata el paso desde el espacio absoluto de Euclides (el espacio tridimensional como un contenedor) al espacio relativo, determinado primero por la distancia en el tiempo. Esto equivale a "la conectividad" en el periodo de la Geografía como la ciencia espacial (2001).

El impacto a nivel político es inmenso, pues se resquebrajan aquellas estructuras administrativas de la vida cotidiana que ostentaban niveles de decisión en el vértice de la pirámide y niveles de acción en las bases. Este orden se complejiza, pues un modem hackeado hace temblar cualquier sistema y los ciberataques son comunes en organizaciones grandes (seguridad privada, bancos, estamentos de gobierno, bases militares, escuelas y universidades. Cuando las cámaras y la información son controladas por el que toma el poder toda la estabilidad entra en peligro. Las muertes se suceden y el escenario se vuelve espectral.

En este mundo de realidades paralelas donde un holograma nos persigue donde vayamos, las páginas webs occidentales procuran mostrar cierto orden o equilibrio entre los elementos de la pantalla. Una estética diferente a la de las webs asiáticas, que no presentan patrones precisos: cargadas de información, links y contenidos de segundo orden. Utilizan los colores vibrantes para atraer al visitante; más flash, más ventanas pop-up de anuncios y banners de publicidad.

En ambas prácticas, cada clic supone la apertura de nuevas ventanas y es posible navegar con muchos sitios abiertos simultáneamente en el navegador. Esta es la demostración de doble dominación del mundo y de los usuarios, que manejan indistintamente ambos los códigos culturales y visuales imperantes.

Las filtraciones y goteras son el síntoma del espionaje más intenso, de la actividad de hackers y agentes especializados en cibernética. Assange, Snowden y sus revelaciones de actividades en el interior de corporaciones gubernamentales y los servicios de inteligencia del mundo. Julian Assange está encarcelado en Londres con el pedido de extradición hacia Estados Unidos. A través de WikiLeaks, protagonizó la filtración más grande de la historia sobre archivos íntimos en la evidente injerencia de su país sobre variados temas del mundo.

Edward Snowden sobrevive oculto en Rusia, a partir de su exilio después de la desvelación de las maneras múltiples en las que la Agencia Nacional de Seguridad de Estados Unidos (NSA) vigilaba a individuos, naciones, jefes de Estado y empresas (Zuboff, 2019). Con pendrives, discos duros extraíbles, con computadoras de memoria extensa se transmiten miles de mensajes por las redes: Megabytes, Gigabytes, Terabytes, Petabytes. La delación e incesante goteo de información.

WikiLeaks, NSA y otros eventos que no conocemos... Los datos impactan en nuestra limitada comprensión como una enorme masa, guardada en almacenes de "noticias" y que jamás podremos consultar en su totalidad. Big-data de poder jugando al compás de la lógica de la generación de fakenews.

Mientras las redes sociales viven el continuo flujo de clics, selfies, hashtags, nos volvemos más invisibles en la multitud. A la vez perdimos la intimidad en ese resquicio que apenas separa el mundo analógico del digital. "Ya no es posible rehuir la coacción del método digital. La modificación que ha supuesto en nuestra cultura, en nuestro comportamiento, en nuestra comprensión del mundo, es impresionante" (Aicher, 2001: 78).

El macroscopio reproduce un esquema preciso y necesario con sutiles y programados entrecruzamientos. Domos, silos, energía desplazada y contenida. Entropía, agujeros negros, estática sobre tu mesa. Infinita fibra óptica. El vacío condensado en caprichosos modelos intencionales y aleatorios.

En una órbita de íconos que remiten a todos los lugares y a ninguno. Estelas discoidales. Grafitos, criptogramas, esteganografías, tinta digital y mensajes cifrados. Los fractales se disparan desde la cripta de un caos binario. Y las palabras son aterradoras. Cuando el arco de los cuerpos enloquece.

V
ALGORITMOS Y CORTISOL

Hace diez años, los que elegimos abrir una página de FB leíamos rápidamente la letra chica del contrato y tecleábamos *enter* con cierto temor. A veces nos negábamos a colgar nuestra foto y dejábamos un avatar vacío de sentido. La pantalla era un gran mapa sin bordes, un océano de cámaras perfectamente sincronizadas, una máquina de mirar en infinitas perspectivas.

Fuimos bien recibidos por Big Brother, quien se esmeró en brindarnos cierto "bienestar". Cada día una dosis de cortisol en pos de regenerar el cerebro y mantenerlo pleno de glucosa. Para fomentar estas acciones de colocarnos en "red" teníamos una tienda gratuita para regalar corazones, flores, galletitas de la suerte, botellas de humo líquido y otras preciosidades.

Quien acaparaba más corazones era popular entre los amigos, así que se empeñaba en sumar contactos, hurgaba en sus recuerdos de la adolescencia-juventud y se re-encontraba con aquellos que en algún momento signaron su vida pasada. Aquel FB "naif" le daba la bienvenida a todos, incluso a aquellos que en un momento quisimos desterrar de nuestras vidas. En esta plataforma, con un clic encontrabas a todos. O ellos "te encontraban".

Juegos para atracción de los indecisos. Usuarios que solamente jugaban. Si tus contactos habitaban en la Granja o en la Mafia tenías que comprar cerditos, gallinas... o tal vez cuchillos, granadas, sedanes, camiones explosivos y fusiles para cumplir con las metas requeridas. En la Mafia debías matar a sangre fría a rusos, japoneses y otros "malos" que estaban en diferentes lugares del mundo. Como en los films pos guerra fría te enseñaban a armarte hasta los dientes para someter a los bandos enemigos. En realidad podían convertirte en un adicto a las armas y tanquetas de guerra.

En aquellos años ya aceptaban la tarjeta de crédito para pagar más armamento. Te animaban a aliarte con extraños de otras latitudes para jugar en grupo. Así los nuevos miembros de la constelación de Casiopea se quedaban el día y la noche en la red. Creció el número de ciberadictos. Cortisol, stress bueno y malo circulando por la red inalámbrica, por los cables, por las venas.

Luego llegó una etapa de duras sanciones: si los contactos a los que invitabas no respondían podían suspenderte por treinta días o más. Incluso cerraban tu cuenta. Good bye! Y los excluidos sufrían en el *Infierno* de Dante, clamando para volver al mundo virtual, que ya era por entonces la realidad más real que habían experimentado hasta entonces. Pero el regreso no era complejo. Se abría otra cuenta en Hotmail y se creaba un nuevo perfil en FB para no quedar afuera de la movida de Big Brother, que te observaba con amor, pero podía ajusticiarte sin piedad.

Luego de esta fase entraron al ciberespacio otras plataformas y apps. FB seguía su ambicioso proyecto de tenernos a todos en un puño. No obstante, con las quejas de usuarios, se incrementaban las medidas de "seguridad": bloquear, silenciar, censurar, denunciar. Y en algunos casos Big Brother respondía.

Con la aparición de Google Crome el Explorer se volvió vintage. Entonces iniciamos la cómoda relación con el nuevo entorno. En este caos ordenado la búsqueda ilimitada de información el usuario "compra" deseos, y atrás quedan los viejos o nuevos contactos por FB. Hay info y objetos más apetecibles ofrecidos en red.

Los algoritmos y el nivel de cortisol son eyectados por sondas invisibles. Ya no hay flores ni galletas de la suerte. Pero miles de emoticones llenan los espacios vacíos donde todo sigue siendo imagen + imagen + imagen. Señal digital con mensajes subliminales.

Las galletas de hoy son poderosas "cookies" que recopilan los datos de navegación. Leen cada movimiento de los dedos y los labios. Los mensajes que encerraban los bizcochos orientales hoy son breves tuits o tweets. 140 caracteres, un diminuto secreto oculto en una golosina.

El 9 de abril de 2012 se anunció que Facebook adquirió Instagram y en febrero de 2014 compró el servicio de mensajería móvil WhatsApp. En

2016 también intercambió negocios con Google. Todas las páginas de citas para formar "pareja" también se acoplan e interactúan con las redes.

Así la red se vuelve compacta y enmarañada, un caos sutil donde quien domina y gobierna está perfectamente protegido y sus súbditos a la intemperie del aluvión de mensajes, bombardeo hacia lo más importante, la emoción.

Big Brother ahora combina sus ritmos de poder al compás de la evolución del imperialismo tecnológico. Estamos viviendo en la sociedad posglobalizada de los buscadores más inteligentes. Cortisol alto. Todo lo que tipeas te delata. Cookies en el horizonte del teclado, de la pantalla táctil. Todo lo que tocas, lo que tu voz pronuncia en "Ok Google" y W App... Interacciones con granjas de trolls, bots, crawlers y otros rastreadores o sistemas automatizados.

Ya no es necesario ir a un shopping real para conseguir lo que necesitas. Ellos saben si quieres viajar, si necesitas zapatos, cuáles son tus preferencias políticas, tus enfermedades, tus costados más sensibles. FB te invita a tener más "amigos-desconocidos" y ya no censura si los contactos no responden. Gran Hermano presenta e impone los grupos y contactos que te convienen. Te disciplina para que continúes adherido al sistema azaroso e implacable.

¿Qué hacen las plataformas con gustos y amigos? Ya no interesa la "red socializadora". ¿Es que alguna vez interesó la epopeya de reunir "vínculos perdidos" sino para esconder un negocio altamente rentable?

Tampoco es necesario que las personas se conozcan o intimen en demasía. Es bueno agitar banderas de discordia con "posteos programados" por bots para que los usuarios salten en la Rayuela, con un pie y sin llegar nunca al cielo. Al compás de los enfrentamientos políticos, religiosos, morales, económicos y todo lo que se convierte en datos que se tabulan automáticamente los dioses del capital but anyway I love you Marx, Che, Fidel, Trotsky...

Big Brother y las multinacionales millonarias no está interesadas en la amistad entre personas. El rostro del capitalismo se vuelve telegrama, código alfanumérico, emoji, gif, chat, selfie, sticker y contenido multimedial para comunicar lo que quieres (el receptor también interpreta lo que quiere). Ya ingresaste con el password al parque de diversiones donde tu ego es bienvenido y explotan tus emociones. A veces ya no te diviertes, te agreden, te manipulan.

Pero luego te venden las fotos de tus amigos para chismorrear + zapatos + ropa + comida + pasaporte para viajar a marte + automóvil + futbol + préstamos + las vacaciones. Y adonde vayas estarás por siempre conectado porque el hotel tendrá wifi hasta en la playa.

FB y las otras apps te siguen operando. Allí está tu ícono preferido (cerebros conectados en interfaz lo elaboran inmediatamente). Hay memes para que alborotes cualquier campaña y puedas vengarte de tus prójimos que no piensan igual que tú en el fútbol, la política, la religión y la vida.

Puedes personalizar tu avatar con flores, con una bandera del lugar del atentado o una protesta, con tu maestro o escritor preferido, con el personaje que "alguien" decide instalar en la "comunidad tecnológica" a la que perteneces para pelear los destinos de tu patria (en un mapa donde batallamos sin naciones ni patrias). Hay TV para todos los gustos, diarios online disueltos en grageas con buenas y malas noticias.

No racionalices. No pienses. Aprieta enter. Dale clic al mouse o toca la pantalla táctil. El mundo es imagen, sabores, música, juegos online, recuerdos del pasado, de vidas pasadas, adivinación, terapia online, los cinco sentidos open 24 hours. Y más "amigos" que nunca. Te adoran, te quieren, no nos abandones.

Big Brother tiene infinito dinero mientras tu información vital llega por fibra óptica y satélites a las empresas (y también a tus grandes enemigos).

Tus hijos te dan amistad si se les antoja, aunque vivan en tu casa y coman de tu refrigerador. Y en este lugar quien paga más es dueño de tu vida. No importa si te crees vivo y declaraste nacer en 1832, si no diste los datos exactos de tus cuentas bancarias o declaraste en tu perfil que vives en una ciudad desconocida y abollada del globo terráqueo.

La noche es bienaventurada. ¡Ah, la noche! Porque los insomnes postean mucho más. Se disparan las gráficas de permanencia en redes y las tarjetas de crédito funcionan mejor on line. Compras y lo pagas luego. Más consumidores apocalípticos e integrados.

Baja el sol y aparecen los emoticones de amor, asombro, lloriqueo, enfado. Ya eres rehén. Algunos lo aceptan y dejan que Big Brother te ponga la ametralladora fría en la espalda para espiarte sin disimulo. Para otros, lo que ocurre en FB no pertenece al orden virtual. Es más real que la realidad misma construida por ellos.

Otros se dejan llevar por los arquitectos del hashtag y el trendtopic que lideran redes en perfecto stand-up con batallones de bots y trolls. Ahora crece la circunferencia de los "influencer". Hay personajes de Linkedin que van a salvar al mundo. Y los youtubers amasan fortunas actuando frente a una cámara casera.

Aunque nos alejemos de los dispositivos igualmente los algoritmos interactúan con nosotros y los otros. La vida. Igualmente, son pocos los usuarios que entienden el mecanismo de estas influencias algorítmicas. Para la mayoría, constituyen una especie de caja negra.

Sin embargo el síntoma de la vida en las realidades paralelas produce una creciente ansiedad algorítmica, un desequilibrio en los fragmentos de poder atomizados en la red. Solo un pequeño grupo de usuarios puede ejercer control relativo sobre la lógica de ciertos algoritmos. Así los analfabetos digitales crecen, porque no es suficiente saber utilizar los dispositivos conectados a Internet. El secreto consiste en comprehender y evaluar el impacto de la conexión. Y más grave aún es la tragedia de vivir siempre conectados.

Muchos de ellos no comprenden las "reglas" del ciberespacio o, más bien, el espacio digital no los compre-h-ende a ellos. No dialogan, pero tampoco se sitúan en la dinámica de las redes. Su verdadera tragedia es autoconfigurarse como analfabetos de dos mundos: el analógico y el digital. Sus formas de relacionarse con el entorno social serán eternamente conflictivas.

Sístole y diástole. La *ansiedad algorítmica* es el síntoma del mundo digital. La mayoría de los usuarios mayores de 60 años se declaran semianalfabetos digitales. Interaccionan con las redes pero desde afuera. Buscan diccionarios y manuales que los ayuden a descifrar los lenguajes que jamás comprenderán.

# # #

Esta angustia algorítmica se propaga como la enfermedad contemporánea que afecta los cerebros. Y también aqueja las metamorfosis económicas de los países oprimidos. Un reducido grupo de sociedades se apropian de los bienes provenientes de la automatización. Y la pobreza golpea cuando la gente ya no tiene su anterior trabajo pues una máquina lo reemplazó. Podría decirse que escapar de las lógicas algorítmicas es un lujo.

Cuando alguien domestica un algoritmo que le permita controlar granjas de trolls o bots, o cualquier porción del ciberespacio, entonces es un genio o un delincuente peligroso.

Escapar de los algoritmos es la moneda de riqueza más preciada. Pero está en manos de un grupo hegemónico.

VI
PANÓPTICO
& THE WALKING DEAD

Face Book se entromete en nuestro trabajo, desliza con sigilo una incómoda pestaña que se posa sobre la pantalla transparente. ¿Un aviso? ¿Una advertencia? Los sonidos nuevos pueblan el entorno luminoso. Como la invasión de un ofidio que silba en los oídos. Exhalaciones y crujidos de la esfera de cristal infinito. Y entra un texto dentro de otro texto. FB hace lo imposible para incomodarnos. No se aleja nunca de nuestra vida.

Asediados, arrinconados en un segundo de aberración cósmica, así continuamos el itinerario hacia dentro del circuito de redes. "Si un día no me encuentras por aquí, sigo en Twitter, Instagram, Linkedin, Google+ Pinterest y Tumblr".

Y las galletas de la suerte chinas se abrían con un mensaje automatizado. Presagiaban lo que acontece en este nuevo mundo de espejos infinitos. Cada uno es dueño de su destino, pero esta es la irónica metáfora de una travesía sin fin. Los usuarios on line, encerrados en cuartos iguales, con el mismo cuadro enfrente de sus ojos.

El *Panóptico* de Bentham es la figura arquitectónica que Foucault describe en su libro *Vigilar y Castigar* (2000). La arquitectura tiene la forma de un círculo. En el centro hay una torre con ventanales que penetran todos los espacios interiores del anillo. Existen celdas iluminadas desde los extremos.

El vigilante de la torre puede observar a cada individuo en su celda. Los excluidos: locos, enfermos, mujeres, condenados de la Edad Media, son la metáfora de los protagonistas del Ciclo Digital. Sin costados ni periferias, el gran panóptico de las redes arroja luz sobre los cautivos en sus celdas. Ver sin cesar. Esa es la premisa.

La disciplina en el panóptico-networking está pautada por poderosos algoritmos. Google y las redes controlan la información y tienen infinito poder. Cámaras que se activan desde la Deep Web, teléfonos hackeados, el espejo en el que se observan los cuerpos cada mañana es la ventana hacia el mundo paralelo.

En el panóptico, el que es observado no puede ver a los otros, pero es objeto de estudio, de observación, de información. Su visibilidad es solamente axial, lo que garantiza el orden. No existe oportunidad de intercambio alguno y las individualidades se separan y distinguen cada vez más.

El objetivo primordial del panoptismo es la "disciplina" de los individuos allí confinados. Para ellos se activan los dispositivos del Poder, operado desde la Torre. Todos permanecen inmóviles en sus sitios mirando una misma perspectiva. Sus movimientos son observados pero ellos no pueden ver ¿desde dónde se los observa? ¿Dónde está la Torre, centro y meollo del poder?

Orwell avizoró un mundo de control en su novela "1984". Allí un Estado distópico vigila y espía las vidas de cada habitante. Hoy miles de cámaras monitorean los espacios públicos en cualquier ciudad del mundo. Los escáneres, los detectores y demás controles biométricos determinan el acceso a aeropuertos y edificios. La macrovisión de Google maps y tantas apps de los celulares inteligentes siguen cuidadosamente nuestras acciones y desplazamientos, microchips implantados en cualquier superficie y hasta en el aire estudian nuestra "trazabilidad".

Somos rastreables a través de cookies y algoritmos. Lo que compramos, nuestros hábitos cotidianos y la tabulación de datos se extienden a las redes sociales como w app, facebook, twitter, telegram, instagram. No hay acto "comunicativo" que no se transforme en biografía.

La inmensa red nodal nos contiene y mediatiza todos los actos diarios conjugándolos con otras sensibilidades sociales y creencias. El mundo es emoción, las redes nos proporcionan placer y cortisol. Pero todo esto ejerce un control estricto sobre nuestras vidas.

Las acciones de las plataformas cotizan en el mercado y someten la pasión de los usuarios que pasean sus ojos por los laberintos de las pantallas, buscando devorar mejores ofertas.

Los zombis invaden el ciberespacio y se cumple la gran paradoja: The Walking Dead. Los muertos continúan vivos en la eternidad que les brinda el perfil de una red social. Reciben cada año miles de saludos de cumpleaños. Ser un muerto-vivo en la redes. Nombrar antes de morir a un familiar para que realice la tumba con el "Legado FB". Facebook tiene una fórmula operatoria concreta para perfiles de usuarios que fallecen. Las cuentas "conmemorativas" quedan a cargo de un contacto (legado), que decide si la cuenta se elimina definitivamente o se mantiene como homenaje al muerto.

La información que los usuarios comparten en las cuentas de sus amigos ausentes genera enormes masas de datos que se mantienen después de su fallecimiento. Verdaderos cementerios en el ciberespacio.

Se estima que aproximadamente 1400 millones de usuarios morirán entre ese año y 2100 (el 98% de los usuarios de la base de datos). Con ese crecimiento constante de mortandad, los muertos superarán a los vivos en Facebook hacia el año 2070. Este es el escenario perfecto para re-editar The Walking Dead, donde los muertos-vivos permanecen en el ciberespacio como metáfora desnuda del capitalismo arrollador.

Y mientras tanto los vivos merodean como muertos. Aquellos que se creemos vivos "existen" en tanto son registrados cada día por cookies y regímenes de trazabilidad que persiguen como los "packman" de los primeros juegos electrónicos.

Conexiones con soldados que están matando gente de verdad en hurañas soledades. Trincheras de barro con imponente conectividad. Muchos creen en perfiles inexistentes.

La realidad virtual se impone como un hilo suave que atraviesa los cuerpos. Nadie siente que su existencia es inalámbrica, aunque los hilos estén a la vista. Pero algunos días ni siquiera necesitamos de la corriente eléctrica para ser parte de la gran familia.

Las plataformas, apps y Google se acoplan perfectamente para la gimnástica cotidiana de la nueva música: spotify, youtube y los algoritmos. Un radar enorme se mueve de sol a sol. Clasifica nuestra comida, nuestra basura y cada neurona. Todos estamos en la mira caleidoscópica.

Vigilar y castigar, la premisa foucaultiana te atrapa y te seduce en el Panóptico Perfecto.

Esos trillones de datos que se registran y guardan se traducen al lenguaje de Big Data y algoritmos. Ese modo instaurado desde la aparición de las computadoras en red, es la adaptación del Panóptico de Bentham. Sin privacidad alguna. Las historias se vuelven impersonales desde la Torre de Control. Las dictaduras militares ya utilizaron estos modelos de dominio sobre los cuerpos, con investigación pormenorizada de la masa informativa existente. La tecnología disponible se los permitió y repitiendo los horrendos traumas de la historia de las guerras.

Giorgio Agamben (2003) continúa la metodología de Foucault para abordar el estudio del poder. Este enfoque rompe con el análisis tradicional del problema, basado exclusivamente en modelos jurídicos ("¿qué es lo que legitima el poder?") o en modelos institucionales ("¿qué es el Estado?").

Agamben realiza un análisis no convencional de los modos concretos en los que el poder penetra en el cuerpo mismo de los sujetos y en sus formas de vida. Para ello retoma el concepto de "biopolítica" acuñado por Foucault, que hace referencia a la creciente implicación de la vida natural del hombre en los mecanismos y cálculos del poder y lo extiende al análisis de los campos de concentración. Citando a Foucault señala: "durante milenios, el hombre siguió siendo lo que era para Aristóteles: un animal viviente y capaz, además de existencia política; el hombre moderno es un animal en cuya política está puesta en entredicho su vida de ser viviente" (2003: 212).

Los estudios de Big Data ya demostraron como un algoritmo logró penetrar en la personalidad de millones de usuarios de Facebook. Lo utilizó con fines políticos para reestructurar la cadena de perfiles de los votantes y predisponerlos a determinadas tendencias, incluso con ideas armamentistas o cuasi-violentas.

# # #

Con cierta frecuencia se opera un cambio en la red. Escalofrío. Los que estudiamos el fenómeno sabemos que es como un temblor, un sobresalto enorme. Un choque sísmico en el ciberespacio. El sistema se desestabiliza por momentos.

El instante en el que no se puede postear. Algunos gritan. Los zombis postean. La pantalla se mueve. Y el cambio de algoritmos ya se produjo. Experimentas una sensación eclipsante en los dedos. La estática viaja por manos que tocan los vidrios tibios.

Un breve shock eléctrico te recorre la columna y palpa tu corazón. Estás conectado. Aunque te duela la vibración igualmente seguirás aferrado al mousse, a la almohadilla, a las pantallas sensibles o los vidrios líquidos del smartfone.

La escritura te delata. Y ocurre la abolición del lenguaje. Los cambios en esta zona son intensos: epéntesis, elisiones, substituciones grafemáticas, léxicas y alfanuméricas. Las nuevas grafías y repeticiones de palabras se integran a una vía que intenta compensar la transformación del canal auditivo. Raras abreviaturas, préstamos lingüísticos de otros idiomas. La predominancia de la imagen en los calcos, smileys o emoticones. Las combinatorias alfanuméricas con usos especiales de las mayúsculas.

Los emoticones (acrónimo de "emotional icons") son signos que ocupan el lugar de un estado de ánimo. Hoy se incluyen en teléfonos, servicios de chat o correo electrónico y re-codifican el alfabeto y los signos de puntuación. Como ejemplos ;) "guiñar un ojo", U_U "estar triste", X D "cara muy sonriente" o X_X "muerto de cansancio".

Estos comportamientos actuales en la corteza del idioma, impactan como una innovación profunda e irreversible del lenguaje. Hay quienes opinan que la lengua evoluciona. Otros profetizan una catastrófica involución. Y hasta la desaparición de los sistemas gramaticales tal cual los conocemos mientras crece el manejo de los dispositivos de la era digital.

Y los consumidores en línea continúan inocentemente "enredados" días y noches. En estas nuevas páginas se concreta la fantasía de cualquier lector: ingresar al espacio infinito, trastocar las leyes de la escritura, leyendo los textos sin comienzo ni final, desde cualquier lugar. Trastocando el tejido lineal de la narración tradicional.

VII

TE AMO TE ODIO DAME MAS

Las emociones se transformaron en mercancías (Illouz, 2007) y un mensaje que circula en redes puede ser amable o ensañarse en la guerra de los haters y bots.

El corazón late al compás de nuevos idiomas. Los brazos cibernéticos organizan nuestra vida. Y eso es correcto porque no hay que quedar fuera del mundo. Los que no nacieron con esta tecnología mueven su mousse alocadamente. Aunque no descifren el lenguaje que los gobierna están adentro. Insiders-Outsiders. De noche llaman a sus amigos por el teléfono de línea. No combinan los dispositivos ni despliegan la realidad mediatizada. Pero están felices porque se sienten parte del festín de los milenials, centenials, pertenecientes a la generación Z o a la generación T.

El Diccionario de la web se abre en páginas también indescifrables, con términos que nacen-mutan-mueren en las pantallas líquidas: Bots, granja de bots, blockchain, trending topics. Trolls diseñados para acosar, criticar, un término que se remonta a los amargos personajes que viven en las cavernas vikingas. Fake = cuentas falsas; fake-news = noticias falsas.

Todos estos fenómenos generan "ruido" en las redes, también organizan legiones de seguidores detrás de personajes no reales. Influencers con cuentas pagas que conquistan adhesiones y prestigio desde el mundo offline (tv, radio, diarios, deporte, arte, etcétera) para llevarlo al nivel online y viceversa.

Y allí están todos estos referentes de los mundos paralelos: youtubers, bloggers, tuiteros... Muchos publicitan, a cambio de dinero, algunos productos de consumo masivo o figuras de políticos.

Así pareciera funcionar el mundo del ciberespacio para el inexperto. Pero también hay especialistas humanos con tanta experiencia que pueden generar granjas de bots. Su servicio se cotiza en dólares y no deja huella fiscal. Nadie pondrá por escrito que contrató a una empresa para criticar a su oponente o para generar un trending topic que lo lleve a un espacio de poder.

Una persona "real" puede, por momentos, comportarse como un troll (criticando agresivamente a otra persona) y minutos antes compartió su foto con un hermoso perro. Hay cuentas automatizadas y otras de personas de carne hueso, pero actúan indistintamente para partidos o ideas opuestas. Hay personajes en los dos polos y pueden atacar hasta la interna de miembros de un mismo partido político.

En países como Argentina las granjas de bots aparecen bajo la apariencia de *social seeding*. La siembra social implica "plantar" el contenido de un cliente político o corporativo en el torrente dialogante de las redes. El contenido "plantado" online puede ser automatizado (bots) o realizado manualmente con influencers o staff de la agencia contratada.

Para evitar que Twitter detecte una granja de bots, se experimenta con el mismo navegando en redes como si fuera una persona de carne y hueso. Pero el funcionamiento se basa en el juego combinado de miles de cuentas, planillas de cálculo y administradores humanos.

La estrategia depende del ruido positivo o negativo que se programe en torno a una figura o producto. Se actúa con rapidez y técnicas de scrum porque si el movimiento es detectado se producen sanciones de Twitter u otras redes, que consisten en cerrar gran cantidad de cuentas.

Las cuentas se compran en Rusia u otros sitios del planeta. Tienen que ser poco sospechosas y adquieren una manera de tuitear que incluye la técnica del retuiteo. Esta táctica define que la cuenta "A" tendrá un perfil deportivo e interesado en la política de cierto partido. En el centro de esos mensajes aparece el nombre del cliente real con el mensaje deseado.

Esta misma plataforma ofrece los avances y gráficos sobre los resultados obtenidos. Los bots funcionan mejor en Twitter, pero Facebook e Instagram (perteneciente a la misma firma de Mark Zuckerberg) tienen gran cantidad de páginas falsas. Estas variables obviamente son utilizadas con el fin de impactar en la toma de decisiones de los usuarios.

Dos o más países pueden entrar en guerra por una caprichosa programación algorítmica. Los modos de interactuar son impredecibles o predecibles por estas cadenas misteriosas del mundo viralizado, mediatizado y repetidamente colonizado por los centros hegemónicos. Ellos deciden hacia dónde, cuándo, por qué y cómo existirán los hechos, reinventados, ignorados, editados para convertirse en historia o noticia.

Las capas de internet tienen hasta ahora tres dimensiones. La *Web superficial,* ese segmento de la World Wide Web al que cualquiera puede acceder fácilmente desde cualquier navegador. La *Web profunda, la* Web Invisible o Hidden Web, compuesta por toda la información y bases de datos a las que los motores de búsqueda y directorios no tienen acceso directo. Y la *Dark Web,* esa pequeña porción de Internet que utiliza direcciones IP enmascaradas y es accesible sólo con navegadores o encriptadores especiales.

Las acciones que se operan en la zona oscura, en la Dark Web, presentan el tráfico y abuso de seres humanos como oferta común. Todo lo que allí acontece pocas veces sube a la superficie, tan sólo a través de enlaces sutiles y avisos intermitentes. Las ofertas de pornografía que llegan hasta la vejación de bebés, niños, mujeres y hasta ancianas, son prácticas penalizadas pero naturales en este nivel.

También hay estratos de "minería" de bitcoins, trabajo esclavo, ejecución de programas de los bots, trolls y fakes, tráfico de armas y órganos, aprovechamiento de condiciones especiales de niños autistas para construir software y gran cantidad de fenómenos donde los seres humanos están atravesados por el vértigo de un ciclo que solo conduce al punto más oscuro.

El acceso a este nivel es muy complejo, con cifrados que caducan en horas o minutos y luego deben ser nuevamente validados. Se configura una red de cibercrimen comandada por delincuentes a los que la justicia ordinaria internacional rara vez puede alcanzar. Los usuarios de la Red Superficial pueden caer en este nivel cuando intentan bajar juegos, música, libros, imágenes de violencia y hasta arte fotográfico de tono aparentemente inofensivo.

Odio, odio. Y el amor. En las páginas de los algoritmos te presentan perfiles falsos (el hombre y la mujer perfecta), el fake que se comunica contigo y te hace soñar.

Isaac Asimov profetizó en su relato *Amor verdadero* (2002) que en el futuro (nuestro presente) un hombre podría programar su computadora para encontrar a la mujer ideal. El final de esta historia es infeliz. La coincidencia con el devenir actual ya había sido escrita en 1990.

Y los que buscan el amor verdadero permanecen en los sitios de citas a ciegas durante meses, sin gestionar encuentros reales, pagando en dólares por ese intercambio con seres de carne y hueso, malos e imperfectos, junto a otros que son adorables, te prometen cariño, te escriben poemas y te mienten todo el tiempo. La política de cookies también clasifica tus glóbulos, los latidos de tu corazón y comercializa tu información.

Emociones, pasiones y un camino que se abre hacia la Historia de las Emociones o la *Semiótica de las Pasiones* (Greimas y Fontanille, 1994). Este último libro marcó un hito en la evolución de la semiótica hacia finales de siglo XX. Rompió con el modelo estructuralista que imperaba como resabio en muchas ciencias sociales. El hecho de volver la mirada hacia la dimensión de lo "pasional" y dotarlo de efectos de sentido fue un salto relevante. Porque los sentimientos afectan indudablemente la idea de revisión ideológica de los productos emocionales en una comunidad.

Ese giro de las ciencias sociales también impactó en la nueva construcción de una historiografía de las emociones. Aunque los orígenes de esta perspectiva de análisis nos remontan a la preocupación de Tucídides en su libro *La historia de la guerra del Peloponeso*, en el que afirma que los atenienses y espartanos lucharon "movidos por las emociones". Platón concebía a las pasiones como estados que procedían de una parte del alma diferente a la razón. Así la historiografía se centraba en partes del cuerpo humano para localizar cada emoción. Siguiendo a su maestro, Aristóteles define a la pasión como una patología. Si recalamos en la etimología: "pasión" viene del griego pathos, cuyo significado es "sufrimiento" o "enfermedad". Pasiones y emociones podían afectar la estabilidad del yo.

Las sociedades están colmadas de revoluciones pasionales que impactan sobre el ánimo masivo. La investigación de las pasiones en la actualidad es central para descifrar el poder que tienen las emociones colectivas y no subestimar su potencial negativo. Hoy las tecno-comunidades son llevadas de un extremo a otro. Del resentimiento a la ira o el furor. De la admiración a la envidia o la adulación. Lucien Febvre ya anticipa que debe construirse una historia del sentimiento en forma articulada. En un escrito de la escuela de los *Annales* de 1941, Febvre planteaba "cómo reconstruir la vida afectiva del pasado". La historia socio-cultural encontraría una veta importante en el estudio de la vida privada, de las emociones y de los sentimientos que hoy más que nunca comandan el destino de los pueblos (Febvre, 1941).

Estas investigaciones impactan en el nivel ideológico de aquellos trastornos íntimos del mundo globalizado. Se descubren las reglas de un cultivo afectivo que permite destrabar cerrojos de la dominación de usuarios conectados en red y la manipulación de públicos diversos, guiándolos hacia ciertos tipos de conductas.

# # #

Los odiadores se escapan de los cuerpos y vuelan como mosquitos envenenados. Están acechando en la noche, entre los pantanos. Y ya son millones los haters de la web, dispuestos a destruir cualquier causa. Pero siempre aparece un rostro amable, un rasgo de cotidianeidad que surca las realidades paralelas: "Las selfies de antes se realizaban con cámara y un trípode", dice un usuario de Instagram…

VIII

FAKENEWS - POSVERDAD

Las metamorfosis del mundo actual dependen de la coyuntura. La historia se escribe al tiempo que transcurre. Y entonces todos son cronistas privilegiados. Nuevas tradiciones y relatos que pretenden ser historiográficos aparecen en la red.

Wikipedia es el ambicioso proyecto de la historia construida por todos. Lejos de la disciplinada "Encarta" de los primeros instantes del vértigo cibernético, Wikipedia se adecua a las demandas y peticiones del sector hegemónico. Endereza sus páginas y pretende ser la administradora de los conocimientos en el siglo XXI.

Al tiempo que se multiplican los mensajes de fakenews y falsas noticias por las redes, estas pudieron reproducirse indiscriminadamente especialmente por WhatsApp. Las consecuencias de esta propagación fueron devastadoras en países como India. A causa de esto, la aplicación de mensajería tuvo que limitar al mínimo la cantidad de usuarios para reenvío de mensajes.

Estas historias pueden hoy ser eludidas por la economía virtual que permite que los usuarios no lean mensajes extensos. Ya existe la aplicación de la tijera Smart, que puede interrumpir los textos y preguntar al lector si desea "leer más" mediante un link que conduce al resto del enunciado.

En su libro *La invención de la Tradición,* Eric Hobsbawm expresa: "La tradición inventada" implica un grupo de prácticas, normalmente gobernadas por reglas aceptadas abierta o tácitamente y de naturaleza simbólica o ritual, que buscan inculcar determinados valores o normas de comportamiento por medio de su repetición, lo cual no implica automáticamente continuidad con el pasado. De hecho, cuando es posible, normalmente intentan conectarse con un pasado histórico que les sea adecuado" (1983: 8).

Hoy la construcción de rumores en redes repercute e impacta en la sociedad con mucha más fuerza que en el mundo cotidiano.

El rumor es definido por Margarita Zires Roldán como "un relato vocal que atraviesa diferentes grupos sociales y contextos culturales, convirtiéndose en una polifonía de voces o concierto que se va entretejiendo con los diferentes tonos, volúmenes, gestos y maneras de hablar de todos los sujetos involucrados. (…) Desde una perspectiva macro el rumor es anónimo, no tiene autor.

Si acaso tuvo un sólo origen y es el producto de una mente o proyecto manipulador, no es esto lo que constituye el rumor, sino la dinámica de variación que se genera al ponerse en circulación. Es una voz sin nombre, ni ninguna credencial que la identifique. En ese sentido no tiene centro o más bien es policéntrico" (Zires Roldán, 1996: 25-28).

En estas versiones del rumor circulando en las comunidades del siglo XX ya se tomaba en cuenta una visión que tenía en cuenta las distintas situaciones comunicativas. Se podía constatar que el rumor puede referirse a personajes relevantes, claramente identificados que le dan credibilidad en los diferentes contextos en los que circulan estas historias inventadas.

La historia se reinventa y se traiciona. National Geographic aporta lo suyo en una serie conducida por el hijo de Mario Vargas Llosa sobre temas urticantes con lecturas sesgadas y selectos documentales. Capítulos construidos para reinstalar el paquete neoliberal en los cerebros on-line de los usuarios. "Populismo" es una de estas series, cuyos episodios sobre América Latina fueron subidos a YouTube, otro operador poderoso de las memorias selectivas.

La gente acude a las redes para alimentar sus prejuicios, no para alcanzar una mirada crítica sobre los temas de actualidad. Es por ello que se ha acuñado el concepto de *post-verdad*. La última campaña electoral en Estados Unidos demostró que a los ciudadanos cada vez les importa menos la verdad de lo que se dice. Lo que desean es que lo que escuchan concuerde con lo que ellos creen de antemano.

La pretensión de verdad ha sido desde tiempos de Herodoto uno de los valores supremos de la historiografía. Los futuros historiadores aprenden en la universidad que tienen que fundamentar sus afirmaciones sobre la base de datos comprobables y documentos. Mientras la historia de las redes es un texto ficcional-emocional, una construcción que se realiza desde la experiencia propia.

La mayoría de estos textos pregonan el argumento "yo lo vi, yo lo viví". Este criterio permitía a los historiadores del medioevo otorgar criterio de verdad a la Historia. Recordemos que esta actitud impregna casi la producción del período colonial de América desde el siglo XVI en adelante. Muchos de los autores bautizan a sus obras con el término "historia" porque en la práctica historiográfica del momento es clave la importancia de la experiencia personal, del contacto directo del escritor de historias con los hechos relatados (Poderti, 1996, Verdesio, 1993).

Los historiadores contemporáneos luchan en vano contra la epidemia de la *post-verdad*. Como si pudiera erradicarse una infección que ataca de lleno al campo de las ciencias sociales y exactas. En un momento en el que las pruebas, los ensayos de laboratorio, los documentos y fuentes primarias pueden ser falsificados, ocultados, contaminados. Aparece un "estudio de la Universidad de Harvard" que dice que hay que "olvidar lo aprendido y reaprender" y todos adhieren (¿cómo se realiza tal acción pedagógica y psicológica?).

Fakenews. El público cree lo que le conviene y discute desde la facilidad de lo que les transmite la posverdad.

Llegan nuevas y brevísimas versiones de las historiografías nacionales. Se opera el copy &

paste. Los datos son deformados. Útiles a los fines políticos fakenews circulan por todas las plataformas y apps. Son breves textos "historiográficos" que nos hablan de la reinvención de una República que jamás existió, pero que es altamente obsecuente en la lucha y enfrentamientos por el poder.

Es un hecho que todos los pueblos practican la tradición de deformar la historia según sus intereses. Koselleck nos ofrece grandes detalles sobre la manipulación de la historia escolar con fines precisos y electoralistas (1993). Otros autores han escrito sobre ese efecto en Argentina (Puiggrós, 1993). En los mensajes que circulan hoy sobre la historia nacional se crea una versión diseñada a la medida de las necesidades electoralistas y políticas, desafiando la coherencia interna de la historiografía profesional.

Grandes ejércitos rentados de bots y trolls se encargan de difundir los textos de historia falsa para influenciar en las opiniones o decisiones políticas de los usuarios. En USA y Latinoamérica, dos de cada tres noticias que están proliferando en las redes son fakenews. Los los países de este continente son proclives a creen las mentiras virtuales. En momentos de elecciones hasta el 60 % de los votantes pueden llegar a propagar noticias falsas.

La estructura de las fakenews abunda en mayúsculas (señal de exaltación emotiva). Sus exposiciones son engañosas pero se estructuran de modo que la gente no sospeche de su veracidad. En general, el texto está dirigido a un público amplio y distraído, colonizado por los mass media y no por lecturas académicas.

Así, los mismos testigos pueden tener distintas visiones del mismo acontecimiento, porque el combate de sus pasiones internas les ofrece datos no objetivos de la realidad. Circulan versiones absurdas e incoherentes que relatan la historia de varios siglos en pocos párrafos del Wapp.

Las falacias que circulan en estos mini-textos anónimos, se refieren a un glorioso pasado ligado al discurso de construcción de las "naciones". Los textos de historia falsa presentan una visión de países deformados con la idea de las nacionalidades que se difundió desde el romanticismo. La historiografía latinoamericana, europea y norteamericana, ha confrontado esta "creencia" con la realidad documentada. Las naciones inventadas fueron tema de numerosos libros, como el de Benedict Anderson (2003).

La historia acontece y tiene que impactar en el centro de las preocupaciones. Cada colectivo porta un diccionario de vocablos nuevos y viejos que los distingue de otras tribus. Cada uno está convencido de que en las redes se tejen los pactos más certeros y que aquí se decide el devenir del mundo entero. Y ciertamente es "su verdad".

Por ello muchos gastan su tiempo discutiendo en redes prisioneros del hashtag y el trendtopic. En el ciberespacio se defiende la vida y se decide hasta el destino de los muertos. También se apuñala y ajusticia a los malos, en una cárcel implacable donde hay gente que es perfecta e inmaculada. Como dioses paganos se señalan los dones de los buenos y se ungen a otros con ideologías tan nuevas como demacradas.

En estos momentos de violencia extrema, el rumor se produce "en los intersticios de las instituciones y circula por canales informales de comunicación verbales o escritos, por teléfonos, celulares o por Internet. Se distingue, en ese sentido, de la noticia o de la historia que son relatos legitimados que circulan por canales institucionales de una sociedad. Debido a esta característica, está ligado al "se dice", a la voz anónima y al "no se dice", a lo que el gobierno o instancias políticas censuran (Zires Roldán, 2017).

Sobre la verosimilitud de los relatos que circulan en redes, observamos que la heterogeneidad cultural de nuestras sociedades acepta múltiples regímenes de verosimilitud. Las reglas que rigen a los diferentes grupos, colectividades y los diferentes espacios sociales son diversas y también contradictorias.

Ante el crecimiento desmedido de los medios electrónicos, Marshall McLuhan, ya advertía en 1964: "La tecnología eléctrica ya está dentro de nuestros muros y estamos embotados, sordos, ciegos y mudos ante su encuentro con la tecnología de Gutenberg" (McLuhan, 1996: 38).

Algo semejante sucede hoy con el medio digital. Somos programados de nuevo a través de este medio reciente, sin que captemos por entero el cambio radical de paradigma. Cojeamos tras el medio digital, que, por debajo de la decisión consciente, cambia decisivamente nuestra conducta, nuestra percepción, nuestra sensación, nuestro pensamiento, nuestra convivencia. Nos embriagamos hoy con el medio digital, sin que podamos valorar por completo las consecuencias de esta embriaguez. Esta ceguera y la simultánea obnubilación constituyen la crisis actual (Byung-Chul Han, 2014: 4).

# # #

Saltan los algoritmos, llegas al cielo de la Rayuela. Un punto donde convergen hologramas, trolls, bots, haters, hackers y todos los personajes que se parapetan detrás de millones de hashtags o arrobas. Así funciona la sinergia del ciberespacio: motores, software, sistemas ópticos, mecanismos de navegación, spiders, avatares y otros agentes inteligentes.

Tú sigues aquí, sin comas, sin noción del tiempo, sin punto final. Mira la pantalla. Aprieta enter.

IX

HACKEAR LOS OJOS

Netflix dio sus primeros pasos a finales de la década de 1990 en Estados Unidos, concretamente en el mítico sitio californiano de Silicon Valley. Así como Facebook, Paypal, Twitter y otras plataformas digitales; Netflix se expandió primeramente a nivel local y, con el tiempo, se ha proyectado a todo el planeta. A partir de 2010 se incorporó al sistema streaming, con distribución digital de contenidos que no necesitan descargarse en forma de archivos.

Muchas producciones se difunden directamente desde la plataforma de Netflix, o sea, sin pasar por salas de cine. Nuestro estudio parte de contenidos visuales presentes en producciones difundidas por Netflix, como la serie "Persons Unknown" o el film "Anon". En estas y otras producciones del género de "ciencia ficción", se experimenta el efecto de pantallas dentro de pantallas, que se relaciona con otras prácticas, apps y plataformas de Internet.

Allí los ambientes transmiten mensajes hipercodificados con el mismo estilo de pinturas o estampas en los muros de las escenas. Es posible extraer metadata de la Big data, donde la evidencia análoga se combina con las reglas del mundo digital.

Hackear el ojo humano es la premisa para penetrar en los registros internos del mundo paralelo. Esta técnica se logra en gran parte mediante la utilización de patrones geométrico-rítmicos.

El término latino "mos geometricus" fue utilizado por el filósofo holandés Baruch Spinoza en su obra de 1677: "La Ética, el modo geométrico establecido". Desde esta perspectiva, todo debería ser presentado con la misma precisión de la geometría científica de las matemáticas. Así, para los pensadores del siglo XVII, la razón es un "método" concluyente para desarrollar sus estudios.

Estas nociones son deducidas desde la lógica y la teoría del paralelismo. Este modo de concebir el espacio se constituyó en una categoría básica de la Geografía. Se convierte en un concepto "absoluto" que está confrontando las hipótesis de la geometría de Euclides, de la física newtoniana y de la filosofía de Descartes.

La interpretación de Jorge Luis Borges también es rica: "He divisado, desde las definiciones, axiomas, proposiciones y corolarios, la infinita sustancia de Spinoza, que consta de infinitos atributos, entre los cuales están el espacio y el tiempo, que suerte que si pronunciamos o pensamos una palabra, ocurren paralelamente infinitos hechos en infinitos orbes inconcebibles. En este delicado laberinto no me fue dado penetrar" (Borges, "Nihon", *La cifra*, OC: 338).

El laberinto es un orden sin télos. El mos geometricus. La identidad spinoziana de razón (lógica) y causa (física), indica que la geometría es el carácter, el modo de ser y el êthos de lo real (Ezquerra Gómez, 2015). En su relato "El libro de Arena", Borges indaga sobre la idea…"La línea consta de un número infinito de puntos; el plano, de un número infinito de líneas; el volumen, de un número infinito de planos; el hipervolumen, de un número infinito de volúmenes… No, decididamente no es éste, *more geométrico*" (Borges en *Otras Inquisiciones* (OC: 125).

El espacio constituye una de las categorías básicas para la Geografía. Hay que admitir que no existe un concepto universal y totalmente correcto del espacio. La realidad virtual crea una espacialidad imaginativa tal como se debe ver o como se quiere ver. Es una fórmula algorítmica que nos muestra el mapa pixelado, una línea de tiempo que nos obliga a explorar los muros con una geometría concreta y paralela.

En muchas series difundidas por Netflix la escenografía ambiental transmite este mensaje a partir de estilo de la pintura que se observa en el entorno inmediato de los personajes.

En "Persons Unknown" se trata de mostrar realidades abducidas desde un centro de poder. Las paredes o muros de las habitaciones son exactamente iguales. Con una rigurosa geometría que sucede en la escenografía de pinturas idénticas en cada cuarto.

La imagen abstracta del muro en estas escenas no representa un elemento determinado. Esa implacable geometría es seleccionada deliberadamente para demostrar dos principios: "orden" y "ritmo".

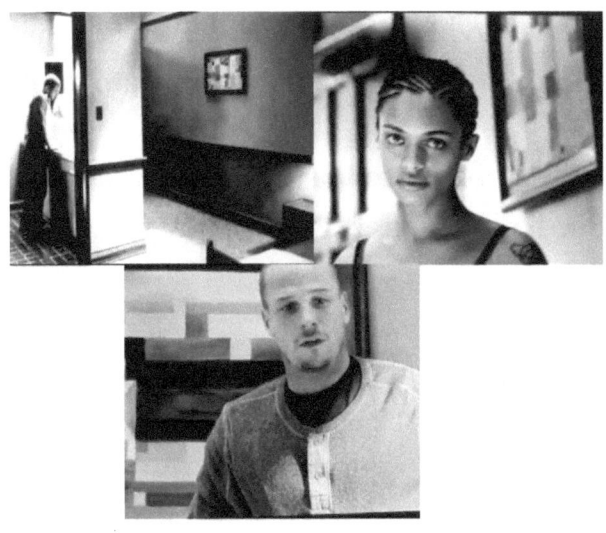

Las tendencias principales del arte abstracto generan en una doble matriz: orden y racionalidad para excluir la referencia inmediata al mundo exterior. Esa geometría de mono-cápsulas de color se traduce en el modelo de figuración de artistas como Paul Klee, que eleva la regularidad implacable que acecha al observador.

Se trata de formas de expresión incluyen un ritmo producido por las analogías recíprocas de las formas puras. Son formulaciones teóricas de lo concreto y codificaciones que simplifican una sinergia con los modos de funcionamiento del ciberespacio.

Así como el 'pixel' es la unidad fundamental que mediatiza sistemas y mecanismos con interpretaciones ocultas, los códigos HMS relacionan imágenes de la espacialidad "real".

Las aplicaciones AR (Realidad Aumentada) operan sólo con diseños análogos, representados por un estampado duodimensional. Y otros diagramas, como el código QR, integran un mapa codificado sobre el ciberespacio.

Netflix mediatiza una constante intersección de distintas aplicaciones, plataformas y sitios del ciberespacio que operan a partir de la representación de la "realidad paralela". Por otro lado hay dos conceptos que se vuelven centrales para comprender la geometría de figuras de Netflix. La figuración "abstracta" de Paul Klee y la Escuela de Bauhaus. Esta obra de Klee titulada "Sonido antiguo, abstracto en negro" de 1925 contiene las claves de su estética.

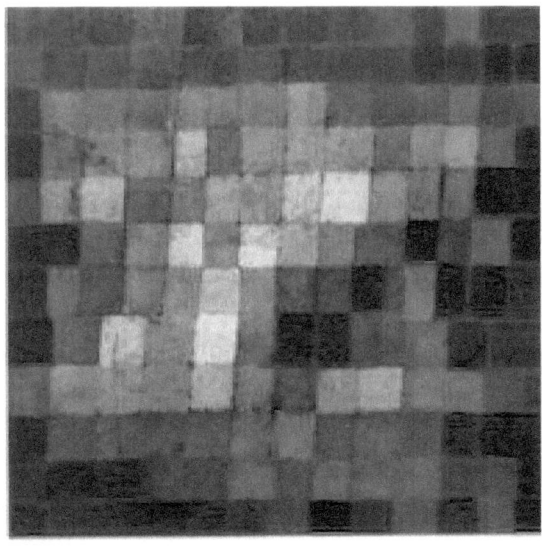

Paul Klee está considerado como el pintor del color, hasta tal punto que llegó a dar clase sobre "teoría del color" en la Escuela de Bauhaus. Klee mezclaba varios materiales y desarrolló su obra en un espectro que iba del expresionismo a la abstracción y el surrealismo.

Según Bardier, los humanos percibimos unos colores mejor que otros (el amarillo verdoso mejor que el azul o que el rojo bordeaux), unos contrastes mejor que otros, unas distancias mejor que otras, unas velocidades mejor que otras. Tenemos preferencias no conscientes. Dentro de lo seleccionado la persona reelige de manera no voluntaria qué ha de ser objeto o tema de su pensamiento y qué quedará como fondo, como campo de la acción y ubicación de lo interesante. Los objetos son atendidos -dentro de ciertos límites- según su contexto espacial y temporal adaptativamente cercano, hiper-definiéndolos e hipo-relacionándolos. Los humanos giramos involuntariamente los ojos hacia lo brillante, los contrastes fuertes, los colores intensos, lo grande, lo bien definido, lo raro, lo móvil (Bardier 2018: 7-18).

Desde el punto de vista matemático es interesante notar como muchas de las pinturas de Klee son fácilmente reconocibles por la tipología de la forma y los trazos geométricos, como puede observarse en sus bocetos o este esquema de Paul Klee sobre Clases en la Escuela de Bauhaus:

CASIOPEA: Vivir en las redes

Dardo Bardier expresa que "el nervio óptico y la corteza visual dedican un tercio de su volumen a atender el color de las cosa. Así, el movimiento, la forma y el color son los tres aspectos más atendidos por nuestro sentido más desarrollado. Esto explica que algo tan "insignificante" sea casi el único medio de información que tiene la ciencia para conocer el universo lejano (Bardier, 2018: 7).

Estas tendencias están fundadas en la función expresiva y simbólica del color, en el ritmo producido por las analogías recíprocas de las formas puras. Estas formulaciones teóricas de lo concreto también atienden a la tenacidad matemática y a la simplificación más radical de la abstracción geométrica.

Aquí volvemos a Spinoza y su conciencia de verdad, asentada en una filosofía rigurosamente matemática:…"si me preguntas cómo sé esto, te respondo que lo sé del mismo modo que tú sabes que los tres ángulos de un triángulo son iguales a dos rectos; y no negará que esto es suficiente quien tenga un cerebro sano y no sueñe espíritus inmundos, los cuales nos inspiran ideas falsas semejantes a las verdaderas: en efecto, lo verdadero es criterio (mdcx) de sí mismo y de los falsos" (1914: 233). En este punto de la propuesta spinoziana, es central la idea de perseguir una filosofía "verdadera", con una "verdad" tan estricta como la de una deducción geométrica.

El status geométrico es un espacio privado de subjetividad, establecido matemáticamente y con una geometría que tiene su ventaja a la hora de la representación. Los Sistemas de Información Geográfica (SIG) trabajan con re-presentaciones concretas en el campo de coordenadas. Allí, el concepto clásico y geométrico tiene en cuenta "la posición del observador". Y en un espacio concebido de esta manera es posible observar de facto "desde ninguna parte".

En el film "Anon", que no pasó por las pantallas de cine sino que se difundió directamente en la plataforma Netflix, las pinturas son oscuras, pero retransmiten el canon geométrico del mundo individual observado desde todas y ninguna parte. Un ser expuesto a las cámaras, a la vigilancia extrema.

El color y la falta de color, el gris sin compasión, resulta ser algo más importante en la vida ciudadana (…) tiende a confrontar la calidad de vida (Bardier, 2018: 57). Y remite claramente a las "realidades paralelas" construidas desde el espacio cibernético.

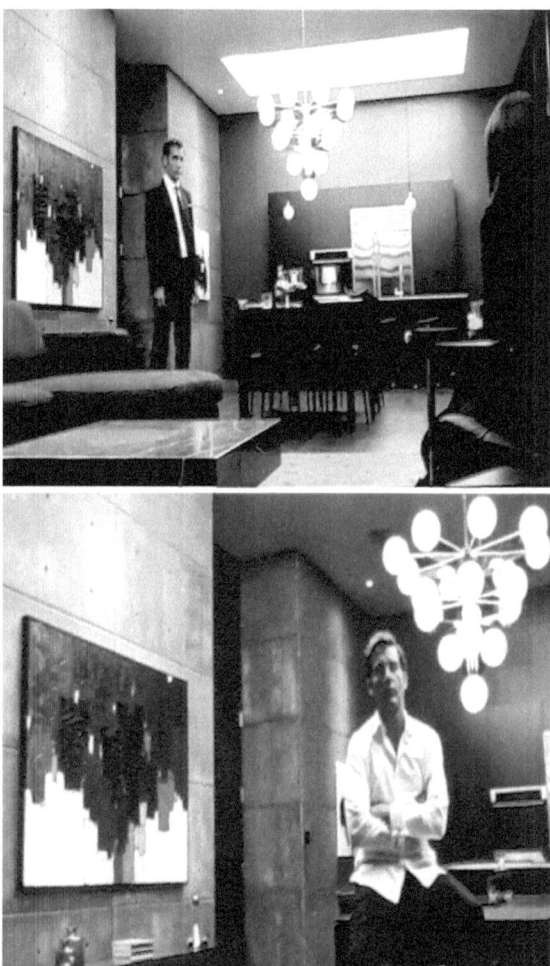

Las únicas propiedades de un píxel son su posición y su nivel de gris. Es la intensidad del gris, aún en el color que esté pigmentado el píxel, que puede incluir otros colores. Esta es una gama desconocida para quien mira, que cree ver colores, cuando en realidad solo hay formas y un patrón rítmico que gobierna el ojo humano. Se induce la visión de un mundo de codificaciones, conjunciones binarias y cemento. Esta es la vida de la gente en las ciudades donde el gris domina la paleta visual de cada día.

En las ciencias como la Geografía la realidad virtual a menudo se usa tan sólo para modelar el espacio que aún no existe. Cierta transición entre la realidad virtual y la realidad paralela, representadas por un determinado modelo, la presenta la así llamada "realidad aumentada". La realidad aumentada en un ambiente real facilita aprovecharse de los elementos virtuales que sirven como una superestructura de los elementos reales (Aaltonen y Lehikoinen, 2006).

"La Realidad Aumentada es la combinación de objetos reales y virtuales en 3D que contienen información, donde el usuario interacciona en tiempo real para recrear su realidad física en pos de la construcción de nuevos significados" (Trojan, Trávnícek, Novotny, 2014). Comprobamos como estos esquemas de la realidad aumentada condensan la descripción de la unidad mínima de la fotografía completa que es el "pixel".

Como expresa Pajares y de la Cruz, las unidades de las imágenes son los píxeles. Las imágenes consisten en unidades dentro de otras; los píxeles son las unidades básicas computarizadas, los módulos de cálculo y de pantalla. Decía Aristóteles que los ladrillos son las unidades primeras con los cuales se construyen otras unidades mayores como las paredes, las habitaciones y las casas. Pero ello no quiere decir que una obra solamente sea el resultado de una mera acumulación de ladrillos antes que proyectos bien concebidos (2001: 139).

La realidad aumentada tiene varias salidas: el uso de la espacialidad perceptiva a base de los signos codificados como la así llamada codificación QR (como abreviatura de Quick Response; es decir, "la respuesta rápida"). En los códigos QR es posible esconder una información arbitraria que remite a una secuencia del texto o el número de teléfono o la dirección web (URL), localizada en el "ciberespacio".

Usando el escáner de los códigos QR se puede trasladar la información codificada sobre el espacio. Así, la resolución de los signos QR es legible por las aplicaciones que en la actualidad se ajustan a todos los sistemas de operación en los móviles (Android para Smart fones; IOS, el sistema operativo de Apple desarrollado para el iPhone y otros dispositivos como el iPod y el iPad) y también para el ambiente JAVA (plataforma de desarrollo que construye aplicaciones de escritorio, web y mobile). Aplicando las secuencias de los códigos QR se puede guiar a una persona por un espacio "real" que sea codificado con la información guardada en el ciberespacio.

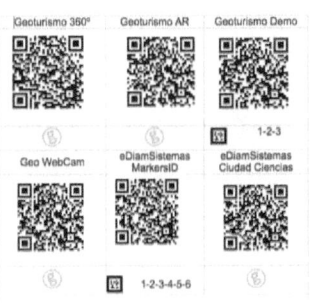

Cada ser vivo tiene procesadores especializados que le hacen recibir las señales de cierto modo, y no de otro. Esos procesadores actúan selectivamente. Y de cierta manera algunos contenidos penetran de un modo o de otro. Podemos pensar en estos procesadores como si fuesen ventanas; la forma de sus marcos limita lo que puede pasar y sus cristales tiñen lo que entra (Bardier, 2018: 11)

Algunas producciones difundidas por Netflix reproducen la relación "usuario-realidad" en una realidad virtual o paralela. Este status de complementariedad crea la unión del ciberespacio y la "realidad cotidiana". Y el control remoto ya no funciona como tal sino como un smartfone o como mouse.

La pintura abstracta y geométrica, el pixel o el código QR son mapas con el patrón geométrico exacto. Estas imágenes de la espacialidad de los ámbitos virtuales se yerguen como diagramas análogos donde el estampado del código transporta a un ámbito digitalizado.

# # #

El espacio propuesto en Netflix es el del mundo cibernético, con su esquema preciso y necesario. Los usuarios están sentados frente a la pantalla y todos mirando una imagen similar. En un panóptico perfecto se desarrolla la idea foucaultiana de vigilancia.

Los descubrimientos actuales desde la neurociencia cognitiva y la fisiología de la conducta, sugieren un ordenamiento humano que se argumenta como "realista" en un mundo "virtualizado" y compuesto por fragmentos. En definitiva siempre veremos pequeñas partes del rompecabezas, jamás tendremos el panorama completo con la totalidad de la imagen. Y ante nuestros ojos la imagen de una misma pintura. La regla geométrica. Pura. Sintética. El mos geometricus de Spinoza.

X

MODERNIDAD LIQUIDA

Un nuevo salto. Otro cambio de algoritmos. El cerebro del cibernauta agobiado. Inmerso en la energía de ciber-anillos inteligentes. Piezas satelitales y enormes turbinas que leen a velocidad inconmensurable todas las variables de los sistemas binarios. Somos miembros de una máquina perfecta. Y pertenecemos a la memoria infinita. Nuestra imagen es una fotografía colgada en las redes convertida al instante en un holograma, un raro espejo que no refleja, representa el más allá de nosotros.

Atrás quedaron Ray Bradbury, Huxley y los otros escritores de "ciencia ficción" que profetizaban los acontecimientos del futuro. Estos hechos ya ocurrieron.

Los hombres brillantes del Renacimiento establecieron las bases de la nuova scienza -en sus aspectos geométricos y mecánicos-. Los escritores de ciencia ficción aportaron nuevos sesgos a la investigación, al perseguir la búsqueda de las bases científicas desde el arte, la biología, la cibernética, la historia, la química y la robótica.

Las formas narrativas de ciencia-ficción estuvieron asociadas, en sus orígenes, a la idea de "fantasía científica". Sin embargo, esta escritura de anticipación constituye la parodia de las influencias reales de la aplicación de tecnologías siniestras. Más que una preocupación literaria, este género ha confrontado los saberes científicos y reflexiona sobre de los poderes de las máquinas posmodernas, los secretos de la memoria cibernética y los claroscuros del desarrollo nuclear.

En el año 1948, Norbert Wiener publicó *Cybernetics, or Control and Communication in the Animal and the Machine* (Cibernética o el control y comunicación en animales y máquinas), donde propuso su *teoría del control y la comunicación en* máquinas y animales. Esta concepción fue denominada "Cibernética", palabra que hizo derivar de la voz griega "kubernetes" o timonel, misma raíz de la cual procede el término gobierno y sus derivados (Weiner, 1984).

En 1865 aparecía *De la tierra a la luna* de Julio Verne, con el subtítulo: "Trayecto directo en noventa y siete horas y veinte minutos". En ese momento, algunos astrónomos, físicos y matemáticos escrutaron los "juegos científicos" de Verne. Luego de rehacer los cálculos del escritor comprobaron asombrados la exactitud de las curvas, las parábolas y las hipérbolas en el iti- nerario del cohete-vagón del relato.

En 1895 el inglés Herbert George Wells publicó *La máquina del tiempo*. En este relato el protagonista viaja a un futuro lejano y encuentra una organización social muy diferente a la conocida, que puede ser interpretada como una alegoría de la explotación social. Wells era profesor universitario en ciencias. Su trayecto literario se combinó con estudios sobre la realidad sociológica del momento y con la publicación de una historia de la humanidad en tres partes.

En la novela *1984* (Nineteen Eigty Four) escrita en el año 1949 por George Orwell aparece una futura sociedad totalitaria, en la que se destaca un sistema político de dominación y de control del pensamiento. Este cuadro anticipatorio muestra al género humano desesperado y prisionero de un sistema ideológico cerrado. Orwell no vio que había realidades mucho más intensas que las narradas en su pesadilla *"1984"*: el Estado distópico, el Gran Hermano vigilando y espiando la vida íntima de la gente. En cualquier ciudad del mundo hay miles de cámaras monitorizando nuestra vida en espacios públicos abiertos. Aeropuertos, estaciones de trenes, superficies comerciales, edificaciones administrativas, corporaciones y empresas.

Otra novela que también se ocupa de las consecuencias de un futuro complejo es *Farenheit 451*, escrita en 1953 por el norteamericano Ray Bradbury. El conflicto aquí se centra en la posibilidad de mantener el patrimonio cultural, especialmente los libros de papel, ante la invasión de la tecnocracia, unida con un sistema represor de la libertad de pensamiento.

En "La cúpula", novela de Stephen King publicada en 2009, se construye un relato de ciencia-ficción con muchos conocimientos científicos. En este caso, una enorme cúpula afecta el clima de una ciudad y produce una serie de metamorfosis ligadas a las nuevas tecnologías digitales (la producción de la serie fue llevada a Netflix).

William Gibson, otro autor de ciencia ficción relevante del siglo XX, publicó en 1984 su primera novela titulada *Neuromante*. La misma instaló el término "ciberespacio", creando la imagen perfecta para la era de la informática, aún antes de la existencia de Internet. La novela *Neuromante* es considerada además una precursora del género "ciberpunk". En los argumentos de este subgénero, se abordan conflictos entre hackers, inteligencias artificiales o mega-corporaciones situadas en un futuro cercano.

Oriente se presenta como espacio pionero en el desarrollo de esta corriente estética que supera los límites literarios. Por ejemplo, las conexiones del cyberpunk con la iconografía japonesa son obvias y se extienden a la pasión por artefactos tecnológicos que diseñan las grandes corporaciones tecnológicas de Asia. Aparecen relaciones con Confucio, los yakuzas[5] del futuro, corporaciones delictivas japonesas que dominan el ciberespacio.

---

[5] En japonés, *yakuza* es la forma abreviada de pronunciar los dígitos ocho-nueve-tres, cuya suma da veinte. Este número se considera la peor mano posible de esa

También hay personajes que guardan memoria informática en su cerebro. La mayoría de los escritores de cyberpunk fueron admiradores de la cultura oriental, estudiaron el taoísmo, leyeron el I Ching o Libro de los cambios. Este interés por Oriente en sus faces filosófica, religiosa y política influye en el comportamiento de los protagonistas.

Los grandes autores de ciencia-ficción se autoretratan a partir de su escritura. Son investigadores que trabajaron en la intersección del presente y el futuro. Los escritores del género se yerguen en profetas del mundo que hoy sucede. Estudiaron los mitos fascinantes que encierran los descubrimientos del hombre.

Aun cuando advierten los trastornos que puede producir la ciencia pura, éstos no dan la espalda a la práctica científica, pero estimulan a los

---

peculiar baraja de cartas llamado *hanafuda*, la que da origen a diversos juegos basados en las combinaciones de imágenes.

lectores a buscar un método creativo para enfrentar los desafíos de la ciencia.

El progreso vertiginoso de las ciencias ya complica el destino del hombre inmerso en un complejo rompecabezas tecnologizado. Se anuncian en el mercado ordenadores sin pantalla ni teclado, scanners tridimensionales, computadoras cuánticas, drones, robots. Hacia 1960 y 1970 sólo se referían a estas rarezas tecnológicas los autores de ciencia ficción, entre ellos todos los nombrados y el estudioso Isaac Asimov.

Recordemos que el libro electrónico fue creado en 1945 por Vannevar Bush, director de la Oficina de Investigaciones Científicas y Desarrollo de los Estados Unidos. Aun cuando algunas series de ciencia ficción ya lo habían presentado en sociedad, recién en la década del ochenta el e-book hace su entrada en el mercado de las enciclopedias, en la modalidad del CD ROM.

Los e-books innovaron profundamente no sólo la manera de "escribir", sino también la de "leer". La tecnología del libro electrónico permite "bajar" libros y documentos de la red y guardarlos en la computadora personal. Hasta se puede transportar una biblioteca en un bolsillo.

Mientras que los libros de papel son una sola entidad, los e-books pueden incluir conexiones adicionales con contenidos de otros libros, bases de datos o web sites. Así, los e-books no están limitados a una estructura fija y lineal como la que ostenta el libro tradicional. Cada lector tiene libertad de utilizar "links", imágenes y sonidos interconectados.

Por ello, el e-book ha generado una verdadera *revolución multimedial,* pero el libro de papel aún sigue siendo el objeto codiciado por los intelectuales del mundo.

Miradas apocalípticas vaticinan la sustitución de la letra por imágenes y sonido. En el relato *From Alice to Ocean*, se narra un viaje que realizó la periodista Robyn Davidson en 1997, con cuatro camellos y un perro. Fueron 2700 km de desierto hacia el océano índico, con una brújula apuntando hacia el Oeste. Las fotografías fueron responsabilidad de National Geographic, quien registró la travesía de la mujer, completamente sola durante meses y se incluían en la presentación original CDs interactivos.

El "lector" puede elegir un punto de la ruta de viaje mientras la voz de la autora relata sus aventuras en Australia. En este relato se prefiere el soporte fotográfico o musical. Además, el "lector" puede escuchar versiones diferentes de un mismo hecho, eligiendo el relato de la autora o el de su fotógrafo. En el "e-book de Davidson, la posibilidad de integrar la imagen, el sonido y el texto puede alterar las formas de comunicación vigentes.

Años después se realizó el film sobre esta historia protagonizado por la misma actriz australiana que interpretó a Alicia en la producción cinematográfica de Tim Burton: "Alicia en el País de las Maravillas". El título de la película es "El viaje de tu vida" del año 2013.[6]

En 1995 diez grandes compañías mundiales de electrónica inventaron el DVD (Disco Versátil Digital). Este producto, que se impuso por un

---

[6] Disponible en https://www.youtube.com/watch?v=2-AO38YHA_U

tiempo en el mundo informático, permite almacenar 25 veces más información que los discos comunes. Con el desarrollo de los discos ópticos podría ampliarse mucho más la tecnología que comprime distintos lenguajes textuales, imágenes y sonidos.

Recientemente se ha inventado una computadora molecular mil veces más potente que las vigentes. Su chip tiene el tamaño de un grano de sal y podrá ser introducido dentro de un organismo. Se comienzan a cumplir así las profecías de otro escritor de ciencia ficción, Rudy Rucker, que imaginó a un hombre en el que se podían programar registros diferentes, de manera que el protagonista tenía la oportunidad de vivir distintas vidas.

Cada día atravesamos escáneres, detectores de metales y controles biométricos en el acceso a cada edificio, tribunal, administración de la seguridad social, etc. Google maps y la cantidad de apps que llevamos en el móvil van registrando minuciosamente nuestro desplazamiento espacial. Antenas de telefonía nos persiguen las 24 horas.

Este es el efecto de "trazabilidad" de la mercancía en un espacio perecedero. Pareciera que las bases y las líneas maestras del mundo se han desplazado. Incluso una hipótesis del futuro nos presentaría a seres humanos con sus cerebros conectados en red, que podrían interpretar un código de barras pero serían incapaces de procesar la información analógica alfabética contenida en la escritura.

Los emisores de tarjetas bancarias o comerciales también rastrean cada desplazamiento, además de tabular hábitos de compra para elaborar nuestro "retrato-robot de consumidor" y diseñar estrategias de marketing personalizadas. Las redes w app, facebook, twitter, telegram, instagram, etc., recogen comunicaciones, contactos y biografías, los que dibujan nuestras ideologías, sensibilidades y creencias. Todo ello se integra al control invulnerable de cookies y algoritmos que fluyen en la gigantesca red administrada por millones de nodos.

En muchos casos, nuestra "colaboración" es más o menos voluntaria. En otros no nos enteramos cuánto nos vigilan. El resultado final es la existencia de trillones de datos sobre nuestra vida que se registran en tiempo real, en soportes de Big Data. Después pasan por la red de algoritmos y se utilizan para diversos fines.

En la era de la Modernidad Líquida de Zygmunt Bauman, nuestras historias personales apenas son pequeños nichos impersonales y transparentes para la Torre de Control del Panóptico de Bentham. Cambia nuestra esencia, nuestra forma de vivir y concebir el tiempo. La Sociedad líquida es la directriz del tiempo contemporáneo, en el que los proyectos sólidos de nuestros antepasados, como el trabajo y relaciones amorosas para toda la vida, ya no existen.

El mundo actual es provisional, veloz, ansioso. Las oportunidades vienen y van. Todo permuta en un cibersegundo. Somos intercambiables. Nadie es indispensable. De allí proviene el miedo de solidificar para siempre cualquier vínculo o realidad. Y la individualidad crece, como una marca inextinguible.

Existen gobiernos que convocan a sus habitantes a ser "flexibles", a no comprometerse, a estar preparados para cambiar de sintonía, a trastocar su mente. Estas son las Sociedades líquidas. Ligeras como el agua que cambia de forma ante cualquier estímulo (Bauman, 2004).

Lewis Carroll escribió las grandes profecías lógicas de la vida. Borges descubrió las bifurcaciones del laberinto y profetizó el hipertexto en su escritura. La prosa borgesiana llega a describir las combinaciones aleatorias de una Biblioteca que no agota las asociaciones posibles entre signos (Poderti, 2008).

En este orden, algo impactante y apocalíptico ocurre en la novela de *Origen* de Dan Brown, cuando el protagonista examina la infinita biblioteca de Edmond, contenida en arcos al estilo de La Sagrada Familia de Gaudí (un modelo arquitectónico que se sitúa en el Presente-Futuro):

"Mientras caminaba a lo largo de las librerías, recorriendo rápidamente con la vista los lomos de los libros, no veía más que obras científicas sobre cosmología, teoría de la conciencia o inteligencia artificial: *El gran cuadro/ Fuerzas de la naturaleza/ Los orígenes de la conciencia/ La biología de la creencia/ Algoritmos inteligentes/ Nuestra invención final* (...) "Ni rastro de poesía". (Brown, 2017: 313-314)

En el relato "El libro de Arena", el narrador consigue este impresionante libro de manos de un vendedor que lo trajo desde India. Y se lo cambia por su apreciada Biblia Wiclif de herencia familiar.

Pero luego de conocer el secreto medular del futuro decide abandonar el Libro de Arena en un anaquel secreto de la Biblioteca de calle México, en Buenos Aires: "Recordé haber leído que el mejor lugar para ocultar una hoja es un bosque. Antes de jubilarme trabajaba en la Biblioteca Nacional, que guarda novecientos mil libros; sé que a mano derecha del vestíbulo una escalera curva se hunde en el sótano, donde están los periódicos y los mapas. Aproveché un descuido de los empleados para perder el *Libro de Arena* en uno de los húmedos anaqueles. Traté de no fijarme a qué altura ni a qué distancia de la puerta. Siento un poco de alivio, pero no quiero ni pasar por la calle México" (Borges, 1975: 70).

El avance científico se coloca en el centro de una escena digna de ser analizada desde la psicociencia del sujeto. La marcha del platonismo otorgó una revolución a la ciencia. Si hay que leer a Descartes y su promoción del sujeto: "pienso, luego existo", no se puede omitir la nota a Beeckman: "A punto de subir al escenario del mundo, avanzo enmascarado" (Lacan, 1977: 35).

Esta imagen presagia que los poderes del espacio-tiempo infinitos pueden ser devastadores y hasta llegar a aniquilarnos. Esa cultura globalizada compartida nos hace preguntar quién va a producir los gestos auténticos de nuestra realidad. El imperativo recae sobre nosotros: el mundo debe ser recreado a nivel local y a nivel global. Pero indudablemente la mayor parte de nosotros puede ser definida como "inmigrante", ya que su identidad se explica en un término fronterizo, en su moderna acepción para las ciencias sociales. Esta frontera es trans-geográfica y transnacional. Es fluctuante, incierta, líquida.

No sabemos lo que ocurrirá. Pero aun conociendo el futuro no utilizaríamos herramientas para prevenir un hecho catastrófico. Los empobrecidos pasan a ser sobrantes, desechos. Esta condición impacta no solo en una minoría sino también en las clases medias, que son el cimiento de las sociedades democráticas modernas. El individualismo, el capitalismo pesado y liviano ganan más terreno (Bauman, 2004: 60-65).

Atrás quedan los deseos planteados por analistas como Dertouzos, quien profetizaba: "se aproxima una nueva era de la "unificación" que despejará el camino hacia la cuarta revolución, la cual, más allá de los artefactos humanos y sus consecuencias, se dirigirá hacia adentro, en busca de la comprensión de nosotros mismos" (1997: 336).

No obstante un estudio desde la historia global contemporánea o la metodología de las Historias conectadas sintetiza la concordancia entre la intensificación de la globalización con un nuevo registro de modernidad-mundo. Es una matriz metodológica altamente operativa. Consiste en una cartografía topológica para aprehender las coordenadas fundamentales de la contemporaneidad. Esta incluye el análisis de plataformas y sistemas de intercambio en las redes, inteligencia artificial y emociones que se integran a los modos de relacionamiento social y multimedial.

Desde este horizonte se podrán implementar estrategias para nuevas performances de Latinoamérica en el uso de las redes sociales, las que le permitan intervenir en sus políticas para mostrar al mundo peticiones de derechos válidas ante los respectivos gobiernos regionales.

Para lograr un equilibrio en las relaciones internacionales y evitar las consecuencias locales del nuevo orden mundial, como la exclusión y la pobreza, se impone la aparición de fuertes bloques regionales. Estas configuraciones que responden a intereses histórico-culturales pueden dar cuenta de nuestra presencia continental como latinoamericanos.

Desde este posicionamiento es posible implementar planes estratégicos de re-ingeniería geopolítica, a través de mecanismos de "empoderamiento" regional. La dinámica de la integración permite realizar esfuerzos para actuar en el concierto global, desde un proyecto social, económico, político y cultural común.

Cambia así el rol de Latinoamérica, que anteriormente no estaba entre los interlocutores válidos para el diálogo supraregional. Las propuestas de integración suponen políticas internacionales que incentivan la capacidad de decisión de sus componentes. A la vez se acrecienta la negociación entre pueblos, naciones y bloques con los mismos objetivos.

# # #

Flotas en un espacio del que ya nadie quiere escapar. Puedes rotar, espiar en muros indestructibles y transparentes. Como una molécula, una pieza del enorme puzzle, tienes en tu mano el dispositivo que te permite entrar pero no salir de hexágonos y espirales continuos. El panóptico cibernético es implacable.

Hay individuos tan individuales que todavía creen que lo que se comunica en un correo electrónico, posteo de FB, mensaje de W app, Instagram, Twitter, etc., es más verdadero que la realidad más real que pudiera haberse configurado desde la caverna de Platón. Sin embargo, no ignoran que se puede ajustar la realidad virtual para construir sus propios perfiles falsos, en los que muestran un segmento de sí mismos, impostan actitudes y emociones.

Inmersos en el universo infinito, empequeñecidos como una partícula oscura, ahora más que nunca somos parte de ese pálido "punto azul" que obsesionaba a Carl Sagan (1994). Este es el planeta tierra visto desde la inmensidad.

El cielo refleja la constelación de estrellas de Casiopea, por siempre amarrada a su trono con la cabeza hacia abajo, mientras la bóveda celeste rota implacablemente. Así permaneceremos los usuarios, condenados al tormento de las sillas fijas, en el panóptico que nos disciplina. Desde nuestro ojo solo podemos observar un segmento pequeño de la inmensidad. Una parte del puzzle.

El ciberespacio es nuestra verdad. Tu PH va mutando mientras te conviertes en un elemento más de la cadena infinitesimal. Es hora de revisar wifi. Y continuar...

BIBLIOGRAFIA

Aaltonen, Antti; Lehikoinen, Juha. "Exploring aumented reality visualizations". In *Proceedings of the working conference on Advanced visual interfaces*. New York: ACM, 2006.
Abler, Ronald, *Geography: history and concepts*. Los Angeles: Sage. 3rd edition, 2001.
Agamben, Giorgio, *Homo sacer*, Pretextos, Valencia, 2003.
Aicher, Otl. *Analógico y digital*. Barcelona: Gustavo Gili, 2001.
Anderson, Benedict. *Comunidades imaginadas. Reflexiones sobre el origen y la difusión del nacionalismo*, México: Fondo de Cultura Económica, 1993.
Arendt, Hannah. *La tradición oculta*. Buenos Aires: Paidós, 2004.
Asimov, Isaac, Cuentos Completos, Madrid: Suma de Letras, 2002.
AA.VV. "Unicornios chinos: las startups asiáticas compiten en Silicon Valley", Revista *Infotechnology*, 11 de setiembre de 2017.
https://www.infotechnology.com/negocios/Unicornios-chinos-Las- startups-asiaticas-le-compiten-a-Silicon-Valley-20170911-0007.html
Bardier, Dardo. "El color, la realidad y nosotros. ¿Cómo percibimos nuestro mundo?". Revista de Filosofía *Ariel*, Montevideo: Asociación de Investi- gación Color Uruguay, www.arielenlinea.wordpress.com, 2018.

Bauman, Zygmunt. *Modernidad líquida*, Argentina: Siglo Veintiuno Editores, 2004.

Benedikt, Michael. "Cityspace, Cyberspace, and the Spatiology of Information". *Journal of Virtual Worlds Research*, 2008, 1, 1.

Borges, Jorge Luis. *Obras Completas*, Buenos Aires: Emecé, 1994-1996. Boole, George.*The Mathematical Analysis of Logic. Being an Essay toward a Calculus of Deductive Reasoning*. Londres: Barclay & Macmillan, 1847.

Brown, Dan. Origen. Barcelona: Planeta, 2017.

Byung-Chul, Han, *En el enjambre*, Herder Editorial, Barcelona, 2014. Traducción de Raúl Gabás.

Corletti Estrada, Alejandro. *Ciberseguridad: una estrategia informático militar*, Madrid: DarFe, 2017.

Dertouzos, Michael. *Qué será. Cómo cambiará nuestras vidas el mundo de la informática*, Buenos Aires: Planeta, 1997. Prólogo de Bill Gates.

Eco, Umberto. *Interpretación y sobreinterpretación*. Cambridge University Press, 1995.

---. 2012. *De Internet a Gutenberg. La comunicación: De los orígenes a Internet*. Barcelona: Gedisa.

Elíade, Mircea. *El mito del eterno retorno*. Madrid. Alianza, 2011(3ª edición).

Ezquerra Gómez, Jesús. *Un claro laberinto. Lectura de Spinoza*, Zaragoza: Prensas de la Universidad de Zaragoza, 2015.

Fernández, José Luis. "La convergencia consciente", en *LIS. Letra, Imagen, Sonido. Ciudad Mediatizada*. IV.

Buenos Aires, Facultad de Ciencias Sociales, Universidad de Buenos Aires, 2009.

Ford, Aníbal. *La marca de la bestia. Identificación, desigualdades e infoentretenimiento en la sociedad contemporánea*, Buenos Aires: Norma, 1999.

Foucault, Michel. *La arqueología del saber*, México: Siglo XXI, 1979.

---. 1986. *Microfísica del poder*, Madrid: La Piqueta.

---. 2000. *Vigilar y castigar*, México: Siglo XXI. Gates, Bill. "El libro electrónico", *La Nación*, 2000.

Geirola Gustavo y Cristian Ricci (Eds.). *¡Dale Nomás, Dale que va! Ensayos testimoniales para la Argentina del siglo XXI, Voces, ciudades, lenguajes*, Whittier College, Department of Modern Languages and Literatures, California, 2006.

Greimas, Algirdas Julien; Fontanille, Jacques. *Semiótica de las pasiones. De los estados de cosas a los estados de ánimo*. Puebla: Siglo XXI editores, 1994.

Gruzinsky, Serge. *Les quatre parties du monde: histoire d'une mondialisation*. Paris: La Martinière, 2004.

Hobsbawm, Eric. *Historia del siglo XX*, Buenos Aires: Crítica. 1998.

Hobsbawm, Eric, Thompson Eduard, et. al. *Revista Past & Present*, publicación cuatrimestral, Oxford University Press: Sociedad Past and Present, 1952 y sigue.

Hobsbawm Eric; Ranger, Terence. *La invención de la tradición*, Barcelona: Crítica, 1984.

Hoefler, Dan. "Silicon Valley USA". *Electronic News*. 3 weeks, beginning 11 January, 1971.
Illouz, Eva. *Intimidades congeladas. Las emociones en el capitalismo*, Buenos Aires, Katz Editores, 2007.
Jameson, Fredric. "Postmodernism or the Cultural Logic of Late Capitalism", *New Left Review*, 1984: p. 146.
Kitchin, Robert. *Towards geographies of cyberspace. Progress in Human Geography*. London: 1998. (22), Iss. 3; p. 385.
Kitchin, Robert, Dodge, Martin. "The emerging geographies of cyberspace". Johnston, et al. (eds.). *Geographies of global change: remapping the world*. 2nd edition. Blackwell Publishing, Malden, 2002.
Koselleck, Reinhart, *Futuro Pasado. Para una semántica de los tiempos históricos*, Barcelona: Paidós, 1993.
Koselleck, Reinhart, Gadamer, Hans-Georges. *Historia y hermenéutica*, Barcelona, Paidós. Introducción de José Luis Villacañas y Faustino Oncina, 1977.
Febre, Lucien: "La sensibilité et le histoire: Comment reconstituer la vie affective de autrefois?". Annales de histoire sociale, T. 3, 1941, pp. 5-20.
Lacan, Jacques. *Psicoanálisis. Radiofonía y Televisión*. Barcelona: Anagrama, 1977.
Lévy, Pierre. *Cibercultura. La cultura de la sociedad digital*. México: Anthropos, 2007.
Lupi, Viviana. "Argentina e Internet: No tan Neutrales", en *Minders Group*, 23 diciembre, 2017

Malone, Michael. *Big Score: The Billion-Dollar Story of Silicon Valley*, New York: Doubleday Books, 1985.
McLuhan, Marshall. *La Galaxia Gutenberg. Génesis del "Homo Typographicus"*. Barcelona: Planeta - De Agostini, 1985.
---. *La aldea global: transformaciones en la vida y los medios de comunicación mundiales en el siglo XXI*, Buenos Aires: Gedisa, 1990.
---. *Comprender los medios de comunicación. Las extensiones del ser humano*. Barcelona: Paidós, 1996.
Pajares Gonzales, de la Cruz, Jesús Manuel. *Visión por computador*, Madrid: RaMa, 2001.
Platón. *Fedro. Diálogos*. Madrid: Gredos, 1988. Tomo III.
Poderti, Alicia. "Textos coloniales. Tipología textual y prácticas escriturales", Revista *Andes*, CEPIHA, Centro Promocional de Investigaciones en Historia y Antropología, UNSa, N° 7, 1996.
---. "La nación imaginada. Trayectos ideológicos y ficcionales en el espacio andino", en revista *Anales Nueva Época*, N° 2, "Ciudadanía y Nación". Universidad de Gotemburgo, 1999.
---. "Los piqueteros: revolución social y multimedial", en *Ensayos testimoniales para la Argentina del siglo XXI, Voces, ciudades, lenguajes*, Geirola y Ricci (Eds.). Whittier College: Department of Modern Languages and Literatures, California, 2006.

---. *Preguntas sobre el siglo XXI*, La Plata: Ediciones Al Margen, Reedición del original "Interpelaciones. Cultura tecnológica, reingeniería educativa y empoderamiento regional, CIUNSa, [2001], 2007.

---. "Borges y el ciberespacio. Historias Conectadas: Asia y Latinoamérica", Revista *LIS, Letra Imagen Sonido*, EUDEBA. N° 19 (2018).

---. "Naciones re-inventadas: Asia y Latinoamérica en la era globalizada", Ponencia IV Jornadas del Instituto de Estudios de América Latina y el Caribe América Latina IEALC, Buenos Aires, Universidad de Buenos Aires, en prensa, 2018

---. *Los tres ciclos de la Historia, Buenos Aires: Confabulados. Edición E-Book*, 2019.

Prigogine, Illya. *El fin de las certidumbres*. Barcelona, España: Editorial Andrés Bello, 1996.

Puiggrós, Adriana. (Dir.), "Peronismo: cultura política y educación (1945-1955)", en *Historia de la Educación en la Argentina*, Buenos Aires, Galerna, Tomo V, 1993.

Rábade Romeo, Sergio. "El geometrismo como método y como estilo de pensar en Espinosa", *Anales del Seminario de Metafísica*, vol. XVII. Madrid: Universidad Complutense, 1982.

Russell, Bertrand. *Principles of Mathematics*. Cambridge: Cambridge University Press, 1903.

Sagan, Carl. *Un punto azul pálido*, Barcelona: Planeta, 1994.

Scolari, Carlos. *Hacer Clic. Hacia una semiótica de las interacciones digitales*, Barcelona: Gedisa, 2004.

Spinoza, Baruch. *Opera quotquot reperta sunt.* La Haya: Martinus Nijhoff (Editores), 1914, 2 vols.

---. *Tratado de la reforma del entendimiento y otros escritos.* Madrid: Tecnos. Estudio preliminar, traducción y notas de L. Fernández y J.-P. Margot, 2003.

---. *Ética demostrada según el orden geométrico.* Edición y traducción de Atilano Domínguez. Madrid, Editorial Trotta, 2005.

Spire, Arnaud. *El pensamiento de Prigogine. La belleza del caos*, Barcelona: Andrés Bello, 2000.

Steimberg, Oscar. *Semiótica de los medios masivos.* Buenos Aires: Atuel, 1993.

Traversa, Oscar. "Aproximaciones a la noción de dispositivo". *Signo y Seña*, 12 (2001).

Trojan, Jacub; Trávnícek, Jan; Novotny, Gustav. "El ciberespacio y las posibilidades de visualización de (al menos) cuatro tipos de la espacialidad", *Revista Geográfica de América Central*, N° 52 53 (enero-junio, 2014).

Touraine, Alain. "La excepción cultural", *El País*, Madrid, 11 de diciembre, 1993. Verdesio, Gustavo. "La Argentina: tipología textual y construcción de los referentes", *Revista de Crítica Literaria Latinoamericana*, Lima: Latinoamericana Editores, N° 38, 1993.

Vico, Giambattista. *Principi di scienza nuova d'intorno alla commune natura delle nazioni*, Nápoles 1744 (3ª versión, extendida).
Wallerstein, Immanuel. *Estados Unidos confronta al mundo*. Buenos Aires: Siglo XXI, 2004.
---. *Un Mundo incierto*. Buenos Aires: Libros del Zorzal, 2005.
Weiner, Norbert. *Cybernetics. Or Control and Communication in the Animal and the Machine*, New York: John Wiley, 1948.
Zires Roldán, Margarita. "Las dimensiones del rumor: oral, colectiva, anónima", *Oralidad, Anuario 8: Lenguas, Identidad y Memoria de América*, México: Oficina Regional de Cultura de la UNESCO para América Latina y el Caribe, 1996.
---. (2011) "Rumores en redes sociales en contextos de violencia: Veracruz- agosto 2011", *Razón y Palabra, Primera Revista Electrónica en Iberoamérica Especializada en Comunicación Varia*, Vol. 21, No. 1-96, Enero - Marzo, Universidad Autónoma Metropolitana - Unidad Xochimilco, México, 2017. http://revistas.comunicacionudlh.edu.ec/index.php/ryp
Zuboff, Shoshana. *The age of surveillance capitalism. The fight for the future at the new frontier of power*. London: Profile Books, 2019

Otras publicaciones de Argus-*a*:

Gustavo Geirola
Sueño. Improvisación. Teatro.
Ensayos sobre la praxis teatral

Jorge Rosas Godoy y Edith Cerca Osses
Condición posthistórica o Manifestación poliexpresiva.
Una perturbación sensible

Karina Mauro (compiladora)
Artes y producción de conocimientos.
Experiencias de integración de las artes en la universidad

Jorge Poveda
La parergonalidad en el teatro.
Deconstrucción del arte de la escena como coeficiente de sus múltiples encuadramientos

Alicia Montes y María Cristina Ares (compiladoras)
Política y estética de los cuerpos.
Distribución de lo sensible en la literatura y las artes visuales

Gustavo Geirola
El espacio regional del mundo de Hugo Foguet

Domingo Adame y Nicolás Núñez
Transteatro: Entre, a través y más allá del Teatro

Yaima Redonet Sánchez
Un día en el solar, expresión de la cubanidad de Alberto Alonso

Gustavo Geirola
Dramaturgia de frontera/Dramaturgias del crimen.
A propósito de los teatristas del norte de México

Virgen Gutiérrez
Mujeres de entre mares. Entrevistas

Ileana Baeza Lope
Sara García: ícono cinematográfico nacional mexicano, abuela y lesbiana

Gustavo Geirola
Teatralidad y experiencia política en América Latina (1957-1977)

Domingo Adame
Más allá de la gesticulación. Ensayos sobre teatro y cultura en México

Alicia Montes y María Cristina Ares (compiladoras)
Cuerpos presentes. Figuraciones de la muerte, la enfermedad, la anomalía y el sacrificio.

Lola Proaño Gómez y Lorena Verzero / Compiladoras y editoras
Perspectivas políticas de la escena latinoamericana. Diálogos en tiempo presente

Gustavo Geirola
Praxis teatral. Saberes y enseñanza. Reflexiones a partir del teatro argentino reciente

Alicia Montes
De los cuerpos travestis a los cuerpos zombis. La carne como figura de la historia

Lola Proaño - Gustavo Geirola
¡Todo a Pulmón! Entrevistas a diez teatristas argentinos

Germán Pitta Bonilla
La nación y sus narrativas corporales. Fluctuaciones del cuerpo femenino en la novela sentimental uruguaya del siglo XIX (1880-1907)

Robert Simon
To A Nação, with Love: The Politics of Language through Angolan Poetry

Jorge Rosas Godoy
Poliexpresión o la des-integración de las formas en/desde La nueva novela *de Juan Luis Martínez*

María Elena Elmiger
DUELO: Íntimo. Privado. Público

CASIOPEA: Vivir en las redes

María Fernández-Lamarque
Espacios posmodernos en la literature latinoamericana contemporánea: Distopías y heterotopías

Gabriela Abad
Escena y escenarios en la transferencia

Carlos María Alsina
De Stanislavski a Brecht: las acciones físicas. Teoría y práctica de procedimientos actorales de construcción teatral

Áqis Núcleo de Pesquisas Sobre Processos de Criação Artística Florianópolis
Falas sobre o coletivo. Entrevistas sobre teatro de grupo

Áqis Núcleo de Pesquisas Sobre Processos de Criação Artística Florianópolis
Teatro e experiências do real (Quatro Estudos)

Gustavo Geirola
El oriente deseado. Aproximación lacaniana a Rubén Darío.

Gustavo Geirola
Arte y oficio del director teatral en América Latina. Tomo I México - Perú

Gustavo Geirola
Arte y oficio del director teatral en América Latina. Tomo II. Argentina – Chile – Paragua – Uruguay

Gustavo Geirola
Arte y oficio del director teatral en América Latina. Tomo III Colombia y Venezuela

Gustavo Geirola
Arte y oficio del director teatral en América Latina. Tomo IV Bolivia - Brasil - Ecuador

Gustavo Geirola
Arte y oficio del director teatral en América Latina. Tomo V. Centroamérica – Estados Unidos

Gustavo Geirola
Arte y oficio del director teatral en América Latina. Tomo VI Cuba- Puerto Rico - República Dominicana

Gustavo Geirola
Ensayo teatral, actuación y puesta en escena. Notas introductorias sobre psicoanálisis y praxis teatral en Stanislavski

Argus-*a*
Artes y Humanidades / Arts and Humanities
Los Ángeles – Buenos Aires
2019

www.ingramcontent.com/pod-product-compliance
Lightning Source LLC
Chambersburg PA
CBHW020657220526
45464CB00001B/470